+ 不可思议的数据 +

万物博物馆

[法]爱玛纽埃尔·菲古拉 文　[法]萨拉·塔韦尼耶 [法]亚历山大·韦里耶 绘　王鲲 译

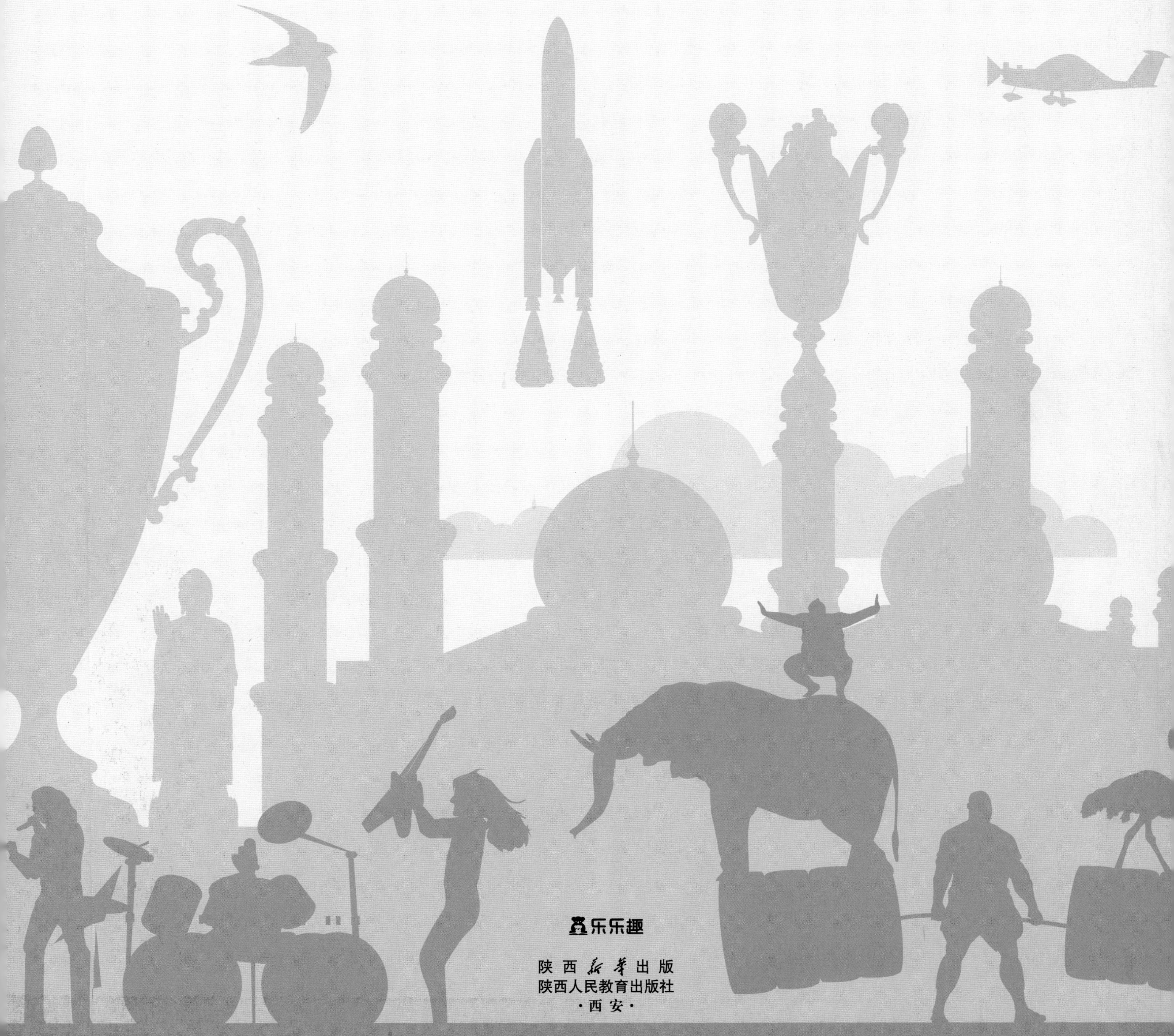

陕西新华出版
陕西人民教育出版社
·西安·

最小的 最大的

●	恐龙	●	科技
●	动物	●	天文
●	人类	●	自然
●	建筑	●	体育

尺寸

人类测量长度的方法有很多种，比如古埃及人用前臂和手掌量长度；盎格鲁-撒克逊人用手的拇指量小物品，用脚量大物品。

现在，大多数人常用的长度测量工具有直尺、卷尺、测距仪……用它们测出长、宽、高后，再换算成厘米、分米、米、千米等计量单位。

1 埃及腕尺 ≈ 50 厘米	1 英寸 = 2.54 厘米	1 英尺 = 30.48 厘米

最小的　最大的

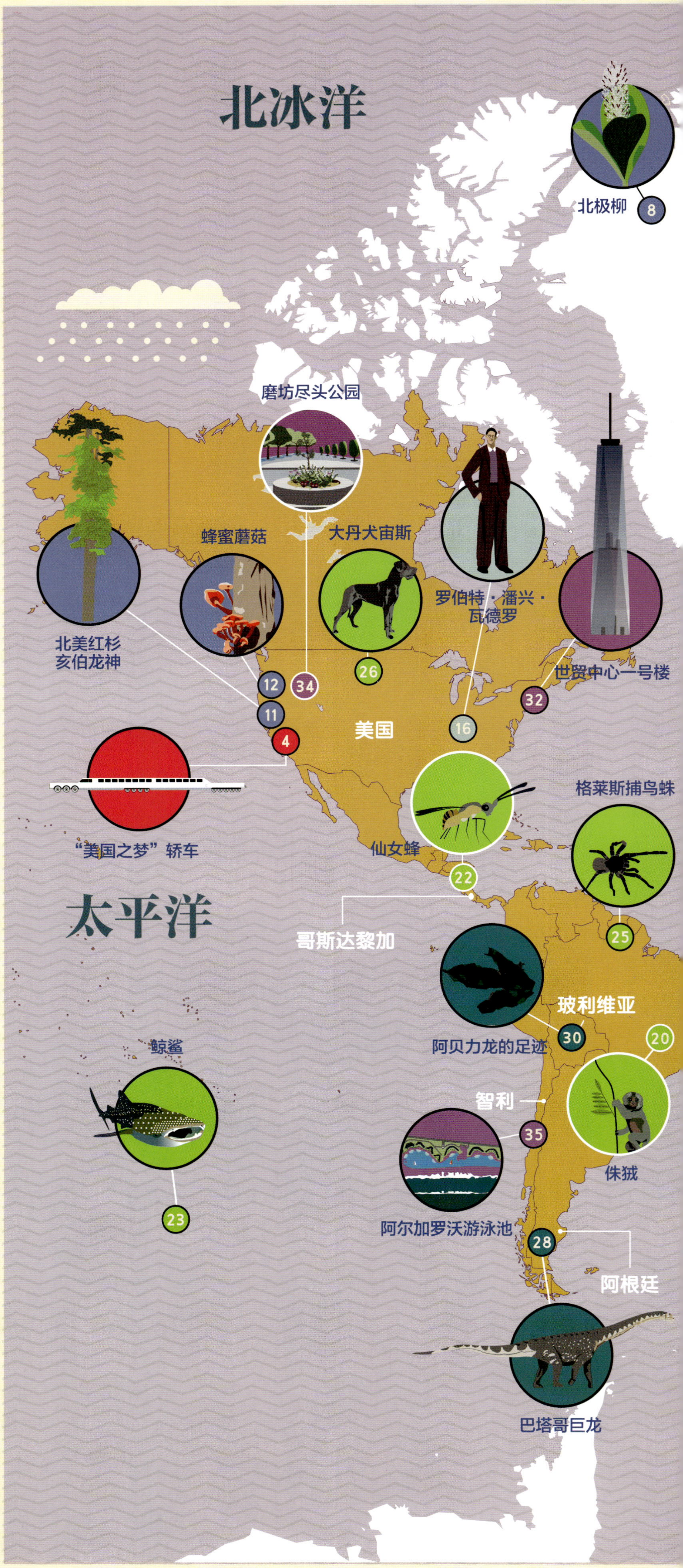

北冰洋

- 北极柳 8
- 磨坊尽头公园
- 蜂蜜蘑菇
- 大丹犬宙斯
- 罗伯特·潘兴·瓦德罗
- 北美红杉 亥伯龙神
- 世贸中心一号楼
- 12　34　26　32
- 11
- 美国
- 16
- "美国之梦"轿车
- 4
- 仙女蜂
- 格莱斯捕鸟蛛
- 22
- 哥斯达黎加
- 25

太平洋

- 鲸鲨
- 23
- 阿贝力龙的足迹
- 玻利维亚
- 30　20
- 智利
- 35
- 侏狨
- 阿尔加罗沃游泳池
- 28
- 阿根廷
- 巴塔哥巨龙

最小的 | 最大的

① 皮尔 P50 汽车

皮尔 P50 汽车特别小巧，有 3 个车轮、2 扇车门，停车很方便，但因为安全性不好，从 1962 年到 1965 年仅生产了 50 辆。

世界最小的汽车

高约1.2米　宽约1米　长约1.3米

- 来自英国马恩岛。
- 质量不到 60 千克。
- 最快车速 61 千米/时。

② 海洋和谐号

宽约66米

世界最大的邮轮

高约64米

海洋和谐号像一座漂浮的宫殿，它于 2016 年 5 月第 1 次航行。它有 2 747 间客舱、23 个泳池、20 个餐厅、18 层甲板，最多可接待 6 780 人。
海洋和谐号上最好玩的是巨大的紫色滑梯，滑梯从最高层的甲板一直延伸到最低层的甲板。据说，这是世界上最大的船上滑梯。

- 来自法国圣纳泽尔。
- 海洋和谐号长约 362 米，比埃菲尔铁塔（高 324 米）都长。
- 船上活动区域的面积相当于几十个足球场那么大。

③ RX-78-2 高达机器人

世界最大的人形机器人

这个大块头是以日本著名动画《机动战士高达》中的高达为原型打造的等身模型，全身有 20 多处关节可活动。2020 年 9 月，该模型在日本横滨港接受了第一次动作测试。

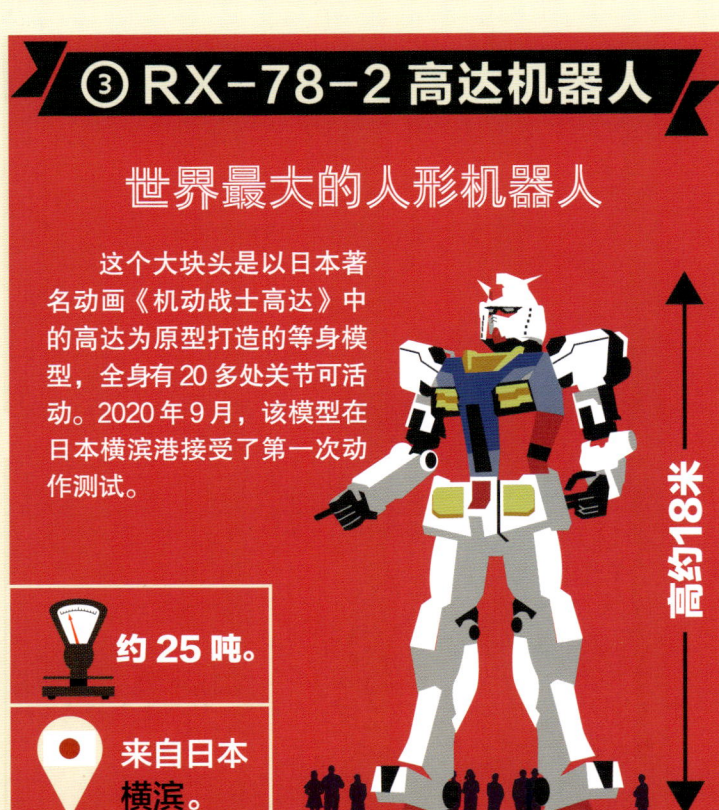

高约18米

- 约 25 吨。
- 来自日本横滨。

④ "美国之梦" 轿车

世界最长的高级轿车

长30.5米

- 速度约 1 090 千米/时。
- 按最高密度安排座位可容纳 853 位乘客。
- 最大起飞质量约 570 吨。
- 来自法国。

世界最大的客机

这架客机于 2007 年被投入使用，加满油后可以绕地球飞行近半圈。

⑤ 空中客车 A380

翼宽约 80 米
高约24米
机身长约 73 米

⑥ 大北极 300 型公交车

大北极 300 型公交车由沃尔沃公司制造，用于缓解交通拥堵和减少废气的排放。

世界最大的公交车

长约30米

- 10 个轮子，3 节车厢。
- 能载客 300 人。
- 相当于 3 辆普通公交车那么长。
- 来自瑞典。

⑦ 汉堡微缩景观世界

世界最大的铁路模型展览中心

汉堡微缩景观世界约有 4 000 平方米的展览面积。

园内约有 15 千米长的铁轨，5 000 座房屋和桥梁，约 15 000 列火车，25 万棵树木。

2000 年，德国著名的铁路主题展馆开工建设，由双胞胎兄弟格瑞特和弗瑞德里克·布劳恩共同设计完成。

来自德国汉堡。

这么长的车，拐弯难度很大，为了更容易拐弯，工程师在车的中间设计了铰链。

直升机停机坪

24 个轮子，1 个按摩浴缸，1 张大号水床。

来自美国。

⑧ 北极柳

世界最小的树

高 2~10 厘米

有三种动物最爱吃北极柳：
- 北美驯鹿
- 北极野兔
- 麝牛

北极柳生长在地球最北部的地方。世界上只有少数植物能抵御极寒和干燥的气候，它就是其中的一种。

主要生长在北极。

⑨ 泰坦魔芋花

高约 3 米

世界最高的花

泰坦魔芋花也叫尸花，4~6 年才开 1 次花，会散发出腐烂的尸臭味。主要的传粉者是苍蝇和甲虫，传粉者喜好将卵产在这种花朵上。

生长在印度尼西亚苏门答腊热带雨林。

世界最高的树

2006 年，人类发现北美红杉亥伯龙神时，它已经 600 多岁了，每年以 3 厘米的速度生长。它是世界上已知现存最高且仍活着的树。

高约 116 米

位置绝密

⑪ 北美红杉亥伯龙神

当地政府为了保护它，没有对外公布它的具体位置。

年龄：600 多岁。

人们预测它的质量：约 3 300 吨。

生长在美国红杉树国家公园。

⑩ 南极洲荒漠

世界最大的荒漠

面积约为 1 400 万平方千米。

这是一片被冰层覆盖的荒漠，除沿岸地区外基本没有降水，动植物十分稀少。

冰层最大厚度：4 700 米。

冰川体积：2 500 万~3 000 万立方千米。（储藏了世界约 68% 的淡水）

位于南极洲。

南极内陆平均温度：冬季 -70℃ ~ -40℃，夏季 -35℃ ~ -15℃。

南极洲平均海拔 2 350 米，是世界海拔最高的洲。

⑫ 蜂蜜蘑菇

世界最大的生物

蜂蜜蘑菇是一种巨大的蘑菇，它在其所寄生的树上形成像云一样的组织。布卢芒廷山上有近百棵树因为这种菌类的寄生而死亡。

年龄：2 000多岁。

生长在美国俄勒冈州。

分布面积：约等于1 665个足球场的面积。

⑬ 珠穆朗玛峰

世界最高的山峰
高 8 848.86 米

1953年5月29日，人类第一次登上了珠穆朗玛峰。

最快的一次登顶珠穆朗玛峰是在2003年，用时约10小时56分钟。

位于中国和尼泊尔的边界上。

珠峰是喜马拉雅山脉的一部分，人们推测山顶最低温度约-62℃，氧气含量只有海平面的1/3。登顶珠峰对每一位登山者来说都是一大挑战。目前，人们已开辟19条攀登路线。

⑭ 大塔穆火山

世界最大的火山

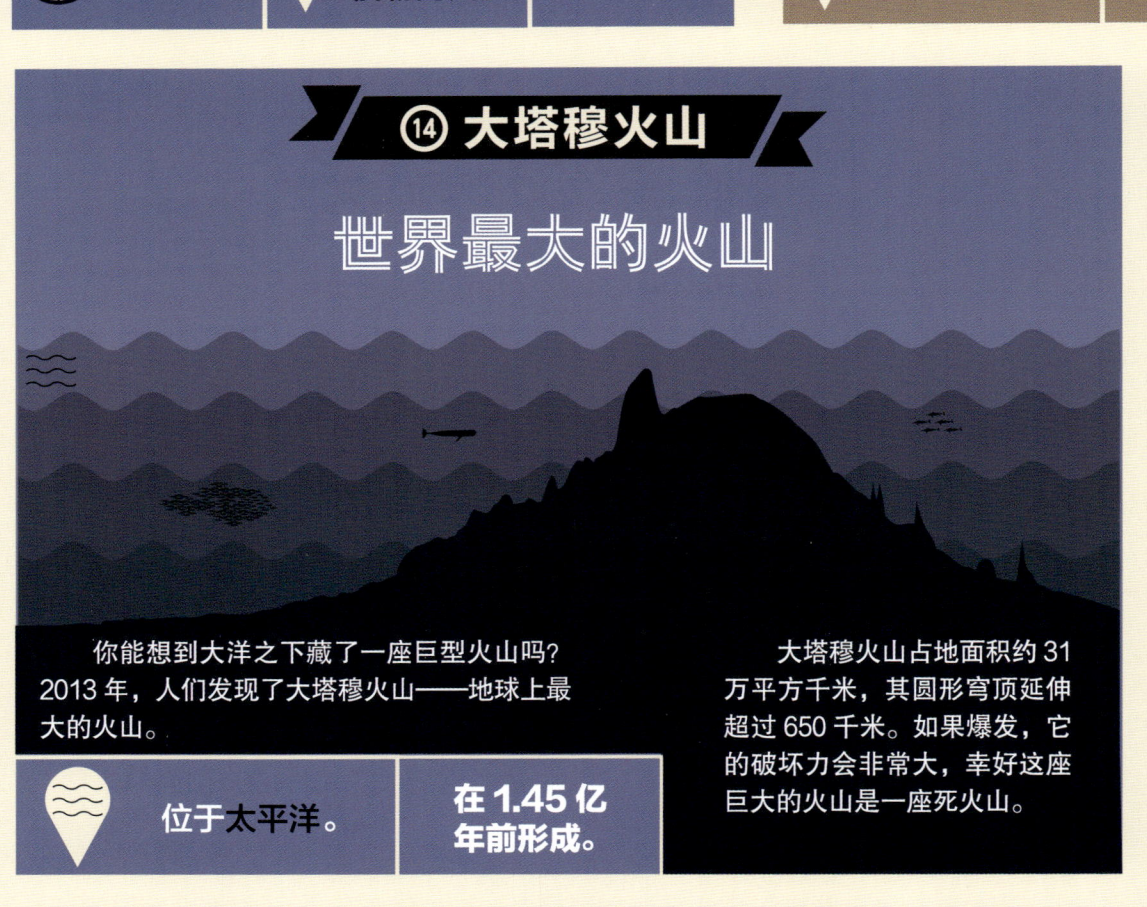

你能想到大洋之下藏了一座巨型火山吗？2013年，人们发现了大塔穆火山——地球上最大的火山。

大塔穆火山占地面积约31万平方千米，其圆形穹顶延伸超过650千米。如果爆发，它的破坏力会非常大，幸好这座巨大的火山是一座死火山。

位于太平洋。

在1.45亿年前形成。

⑮ 无根萍

世界最小的开花植物

无根萍原产于亚洲，能密布在静止的水面上。我们常见的浮萍比无根萍大3~4倍。

1毫米

主要分布在东南亚。

⑯ 罗伯特·潘兴·瓦德罗

世界最高的男人

脚长约43厘米

手长约32.3厘米

罗伯特·潘兴·瓦德罗体内生长激素分泌异常。成年后，他的身体还在不停地长，直到去世。他因此成为吉尼斯世界纪录最高的人。

22岁时身高2.72米

5岁时身高1.64米

10岁时身高1.98米

16岁时身高2.4米

身高记录

来自美国。

他活到了22岁。

⑰ 汉斯·朗塞斯

世界最长的胡须

朗塞斯拥有世界上最长的胡须。在他去世后，他的儿子遵从遗嘱把他的胡须捐给了华盛顿的科研机构史密森学会。

来自挪威。

胡须长约 5.3 米。

⑱ 西迪卡·帕尔文

高大的女人

身高 2.33 米

来自印度。

帕尔文因为骨骼生长异常导致个子非常高，为此她做了手术，阻止骨骼生长。

⑲ 长鼻猴

长达 10 厘米

鼻子最长的猴子

长鼻猴的名字来源于其又软又长的鼻子。长鼻猴鼻子的长度随着年龄的增长而增加。

生活在加里曼丹岛。

⑳ 侏狨

体长约 13 厘米

世界最小的灵长类动物

侏狨又称倭狨，虽然它个头小，但轻轻一跳就能跳出几米远。

体重 80～100 克

生活在南美洲的热带雨林。

侏狨出生时体重约 15 克。

㉑ 阿马乌童蛙

← 体长约 8 毫米 →

世界最小的两栖动物

2012 年，人类发现了阿乌童蛙，它比成年人的拇指指甲盖还要小。

它是已知的最小的两栖动物。

生活在巴布亚新几内亚的热带雨林。

㉒ 仙女蜂

仙女蜂主要寄生在蓟马属昆虫身上，吸食它们的营养，并在它们体内产卵，从而完成自己的繁衍。

世界最小的昆虫

雌蜂比雄蜂大，雄蜂创造了这项世界纪录。

雌蜂　雄蜂

雄蜂体长约0.14毫米。

 发现时间：1997年。

 生活在哥斯达黎加。

㉓ 鲸鲨

世界最大的鱼

体长约 16 米

虽然鲸鲨拥有巨大的身躯，但它的食物主要是浮游生物和小鱼。鲸鲨性情温和，它还会与潜水员一起嬉戏呢！

主要生活在热带和温带海域。 | 体重约12吨。 | 嘴宽约1.5米。 | 有3 000多颗牙齿，皮肤厚约10厘米。

㉔ 长颈鹿

世界最高的陆地哺乳动物

肩高约3.3米　高约6米

长颈鹿主要生活在非洲的稀树草原上。那里的树木多是伞形，树叶集中在高处。

长颈鹿的主要食物是离地面3~6米高的树叶。颈长的长颈鹿吃到的树叶较多；而颈短的长颈鹿吃到的树叶较少，于是慢慢就被淘汰了。

 生活在非洲。　 体重约2吨。　最快奔跑速度约58千米/时。

㉕ 格莱斯捕鸟蛛

世界最大的蜘蛛

格莱斯捕鸟蛛也叫亚马孙巨人食鸟蛛，是世界上最大的蜘蛛。它的身体有成人的拳头那么大，腿伸开时像成人的前臂那么长。

足展约 28 厘米。

格莱斯捕鸟蛛有毒，它能捕食比自己还大的青蛙。

 体重约130克，相当于3个鸡蛋的质量。

 生活在南美洲的潮湿森林。

㉖ 大丹犬宙斯

世界最大的狗

大丹犬也叫德国獒。宙斯是已知最大的大丹犬，它比设得兰矮种马还高，聪明又勇敢。

每周吃掉 7 千克狗粮。

高约1.18米

 世界最小的狗

 来自美国。 | 体重约70千克。 | 它活了5年。

㉗ 约克夏犬希尔维亚

世界最小的狗

体长约9厘米

高约7厘米

目前世界上的狗有300多个品种。人类已知的最小的狗是一只名叫希尔维亚的约克夏犬，它小得可以装进杯子。

 来自英国。 |  体重约200克。 | 1945年去世。

㉘ 巴塔哥巨龙

体形庞大的恐龙

高约20米（相当于7层楼的高度）
体长约36米
股骨长约2.4米
人类股骨长约50厘米。

这具大块头恐龙的化石于2012年在阿根廷被发现。目前，它被保存在美国自然历史博物馆。科学家推测这只恐龙生前体重约70吨。

 巴塔哥巨龙的体重约等于12头大象的质量。

 巴塔哥巨龙大约生活在1亿年前。

 来自阿根廷巴塔哥尼亚。

㉙ 赵氏小盗龙

体形娇小的恐龙

体长约40厘米

赵氏小盗龙有4个翅膀，可以滑翔，也可以爬树，有科学家推测它是鸟类的祖先。

 来自中国。

生存年代：约1.25亿年前。

 化石残骸发现时间：2000年。

㉚ 阿贝力龙的足迹

巨大的恐龙足迹

宽约1.2米
体长约9米

人们在玻利维亚首都苏克雷郊外发现了这个巨大的足迹，古生物学家们推测它可能是阿贝力龙留下的。阿贝力龙是双足食肉恐龙，是暴龙的近亲。

 来自玻利维亚。

 阿贝力龙生活在约8000万年前。

㉜ 世贸中心一号楼

美国最高的楼

世贸中心一号楼是美国最高的楼，原称自由塔。2001年，世贸双子塔在"9·11"事件中被摧毁，后来人们在旧址建造了世贸中心一号楼。

共86层
塔高约541米

建造它用了近48 000吨钢筋、20万吨水泥、30.5万平方米玻璃幕墙。

 建造时长：7年。

开放时间：2014年11月3日。

 位于美国纽约。

㉛ 凯雷特之屋

世界最小的房子

凯雷特之屋建造于2012年，它的主人是作家兼导演的埃德加·凯雷特。房子共有2层，面积只有14平方米，包括一个卧室、一个厨房、一个浴室。它非常狭窄，人们从它前面经过可能都发现不了它，但房子里最多可容纳7个人。

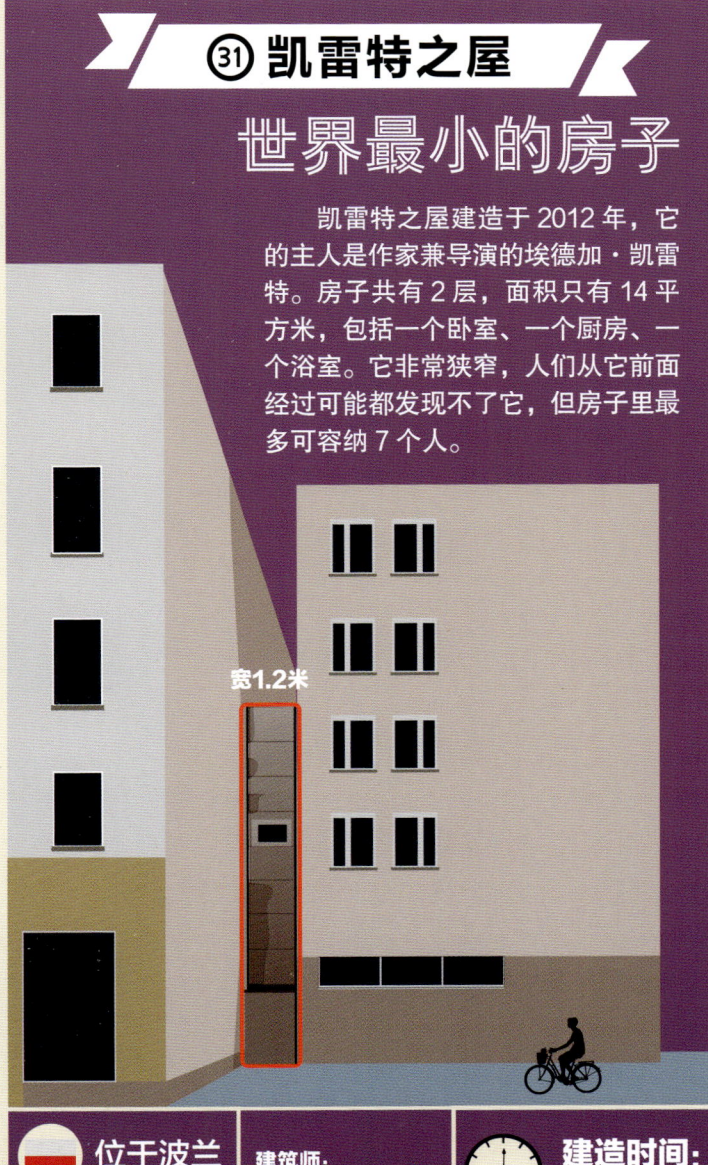

宽1.2米

位于波兰华沙。
建筑师：雅各布·什琴斯尼。
建造时间：2012年。

㉝ 哈利法塔

世界最高的建筑

哈利法塔是世界现今最高的建筑，里面有办公室、酒店、餐厅、奢侈品商店等。

高828米

哈利法塔共162层，有56部电梯。

建造哈利法塔用了约**4万吨钢材、**

约14.2万平方米玻璃幕墙。

 位于阿联酋迪拜。
建筑师：SOM公司的阿德里安·史密斯。

 建造历时：6年。

㉞ 磨坊尽头公园

世界最小的公园

磨坊尽头公园是目前世界最小的公园。迪克·范根在一个路灯围台里面种了一些植物，还放了一个杯子充当微型游泳池。后来他写了一些和这个微型公园有关的奇幻故事，吸引了无数读者。

这个公园像一个花盆。

面积约0.29平方米。

 建造时间：1948年。

 位于美国波特兰。

㉟ 阿尔加罗沃游泳池

世界最大的游泳池

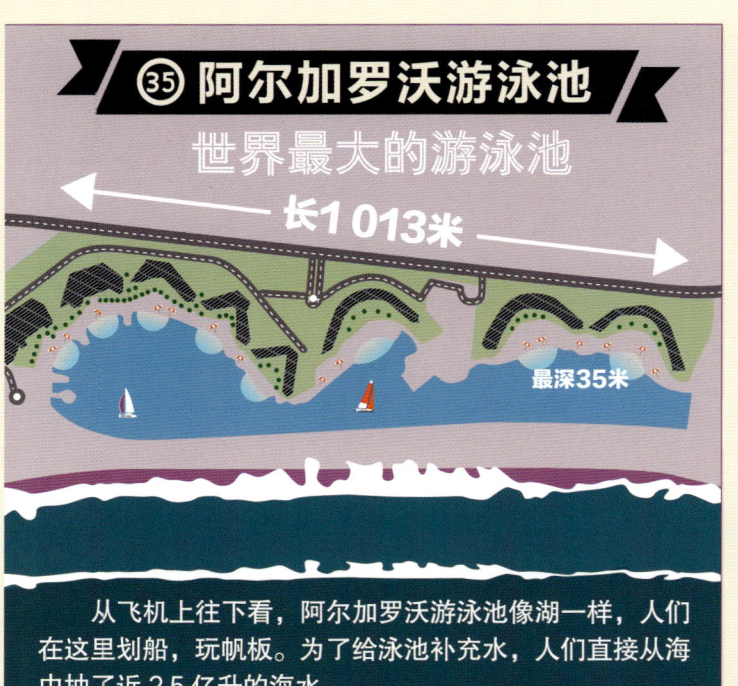

长1 013米
最深35米

从飞机上往下看，阿尔加罗沃游泳池像湖一样，人们在这里划船，玩帆板。为了给泳池补充水，人们直接从海中抽了近2.5亿升的海水。

位于智利。夏天，泳池水温保持在26℃左右，人们在水中感到很舒适。

㊱ 张家界大峡谷玻璃桥

世界最长的玻璃桥

张家界大峡谷玻璃桥横跨张家界大峡谷，桥面由99块透明玻璃铺设而成，可以承受约800人的重量。

总长430米
距离谷底约300米
桥宽6米

位于中国张家界。 建筑师：渡堂海。 2016年开放。

㊲ 罗浮宫博物馆

世界最大的艺术品博物馆

罗浮宫博物馆展出的艺术品约3.5万件，收藏的艺术品约46万件。

罗浮宫占地面积约24.3万平方米。美籍华人建筑设计师贝聿铭设计了玻璃金字塔作为罗浮宫最主要的入口。灯光照射下的玻璃金字塔的夜景比白天的更美！

平均每天有几万人来欣赏达·芬奇的杰作《蒙娜丽莎》。

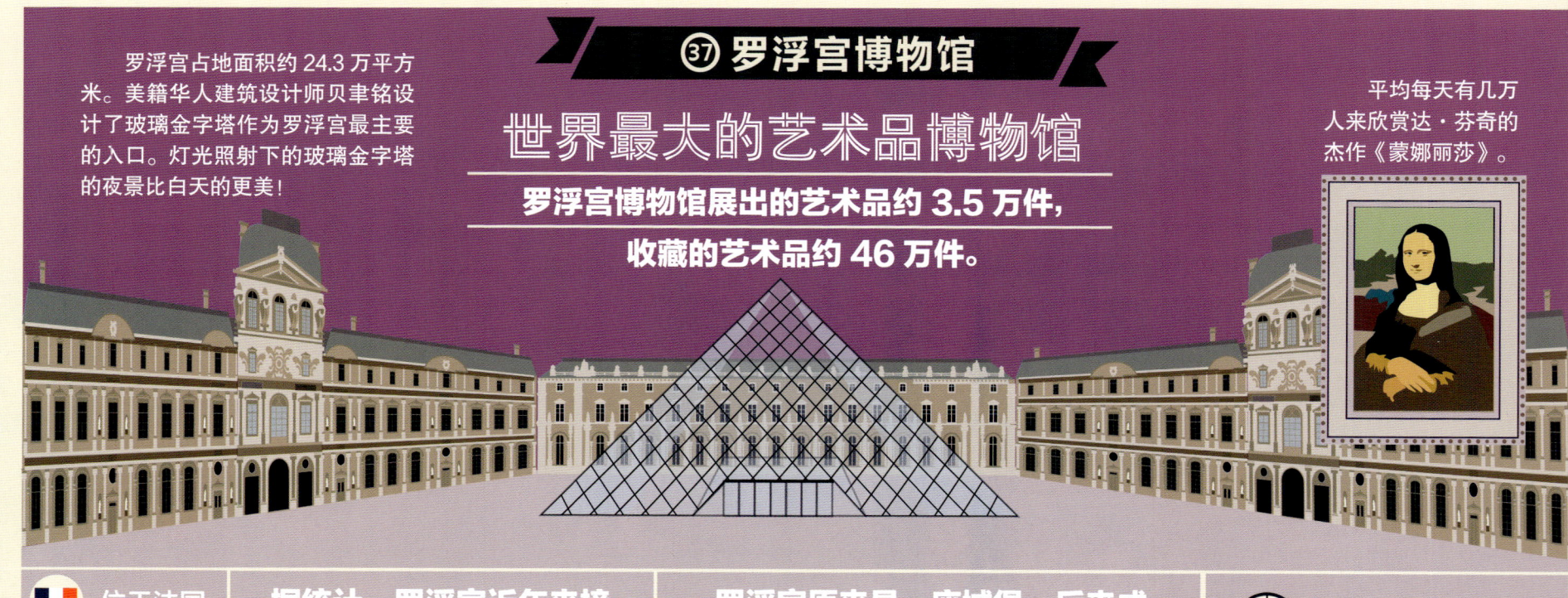

位于法国巴黎。 据统计，罗浮宫近年来接待的游客超千万人次。 罗浮宫原来是一座城堡，后来成为皇宫。 1793年开放。

㊳ 青函隧道

世界最长的海底隧道

全长约54千米
（比英吉利海峡隧道还长约3千米）
本州岛　　北海道岛
最低处：-240米

穿越日本本州岛与北海道岛之间的津轻海峡。 建造历时：24年。

10

㊴ 努洛伊曼皇宫

世界最大的住宅

努洛伊曼皇宫是文莱国家元首的宫殿。开放时间为每年国庆日（2月23日）和开斋节。

有564个烛台和5.1万个灯泡为房子提供照明。

努洛伊曼皇宫建筑面积近20万平方米，约是白宫的40倍。

皇宫内有1700多间客房、257个浴室、5个游泳池、44个楼梯和18部电梯。宴会大厅可容纳大约5000位客人。

位于文莱。 建筑师：林德罗·洛克辛。

㊵ 500米口径球面射电望远镜

世界最大的单口径射电望远镜

射电望远镜工程于2011年开工，2016年建成，它的主要任务是探寻"暗物质"，为中国研究宇宙的演变和搜寻地外文明提供支持。

它的直径为500米，由4450块三角形面板组装而成。

接收信号的面积约为25万平方米，相当于30个标准足球场的面积。

位于中国贵州。 建造历时：5年。

㊶ 木星

太阳系最大的行星

木星是气态巨行星，它的组成成分主要有氢和氦。

直径约14.29万千米

木星的体积为地球的**1300多倍**。

与地球的平均距离约6.28亿千米

木星至少有79颗卫星。

㊷ 盾牌座UY

银河系最大的恒星

比地球大许多的太阳，在盾牌座UY旁边就像一个小不点儿。

盾牌座UY的直径：
太阳的直径×1700

太阳

位置：银河系盾牌座。

表面温度超过**3000℃**。

直径约**23亿千米**。

盾牌座UY距离地球约5100光年。

㊸ 水星

太阳　水星　地球　木星

直径**4880千米**
（体积约为地球的1/18）

八大行星中最小的行星

水星是太阳系中离太阳最近的一颗行星，它跟地球很像，也是一颗岩石体行星。

最高温度超过**430℃**。

最轻的 最重的

● 恐龙		● 科技	
● 动物		● 天文	
● 人类		● 自然	
● 建筑		● 体育	

质量

要知道一个物体有多重，需要测量出它的质量。质量就是组成它的物质的数量。质量的单位有很多，人们有的用磅作为单位，有的用公斤作为单位，换算起来很不方便。

后来人们开始使用法定计量单位，如毫克、克、千克等。不过也有例外，英国人习惯用磅作为单位，盎格鲁-撒克逊人用盎司作为单位。

1磅 ≈ 453.6克   1斤 = 500克   1公斤 = 1000克

最轻的　　最重的

霸王龙的大便
加拿大 ⑨
潘多复合杨树
美国 ⑭ ㉑
布莱恩·肖 ⑳
阿斯托拉特梦幻城堡
吸蜜蜂鸟 ⑥
古巴
太平洋
蓝鲸 ③
阿根廷龙 ⑩

最轻的 | 最重的

① 霍巴陨石
世界最重的陨石

1920年,一位农民发现了这块陨石。它含铁和镍的比例分别为84%和16%左右,具有收藏和研究价值。

- 坠落时间:约8万年前
- 重约60吨。
- 位于纳米比亚格洛特福特恩

宽1米　长3米

② 国际空间站(ISS)
太空最大规模的组装物体

国际空间站是飘浮在太空中的巨型实验室,相当于2个标准足球场大小,可供6~7名宇航员在轨工作。宇航员们在空间站观测宇宙,并进行科学实验。

空间站绕地球一圈大约需要90分钟。燃料、水、氧气等物资通过航天飞机被运送上去。

- 总质量约420吨
- 宽约88米
- 长约108米

- 由16个国家共同建造。
- 建造耗时:13年。
- 平均飞行高度约400千米。

③ 蓝鲸
现存体形最大的动物

蓝鲸的体形大得超乎你的想象!它每天捕食2吨多磷虾。成年蓝鲸体内仅脂肪含量就有大约30吨。然而,由于人类的捕杀和海洋环境的污染,这个种群的生存受到严重威胁。

- 体长约30米
- 成年蓝鲸体重约175吨。

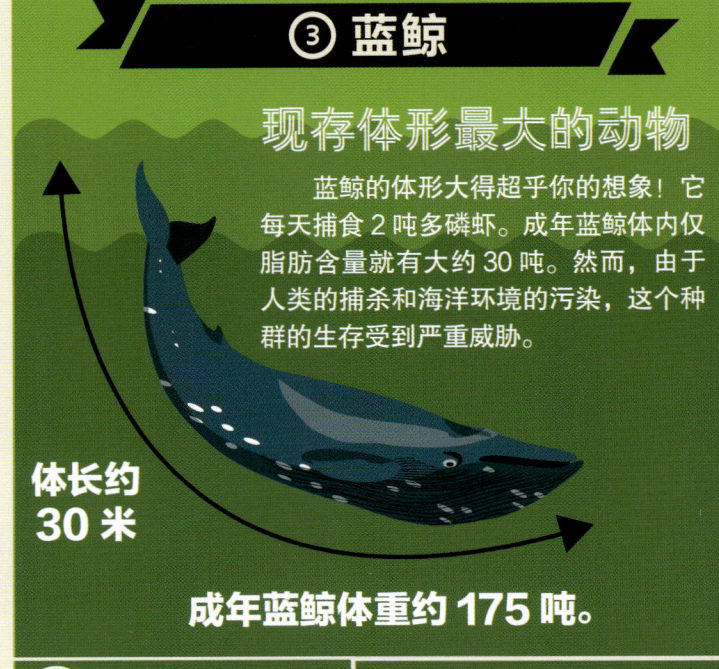

- 生活在各大洋。
- 出生时体重约3吨。

④ 鸵鸟
世界最重的鸟

体重约150千克

鸵鸟有时将头埋进沙子里,其实是为了进攻而暗暗发力。头部贴近地面,更容易听到远处的声音。

- 高约3米

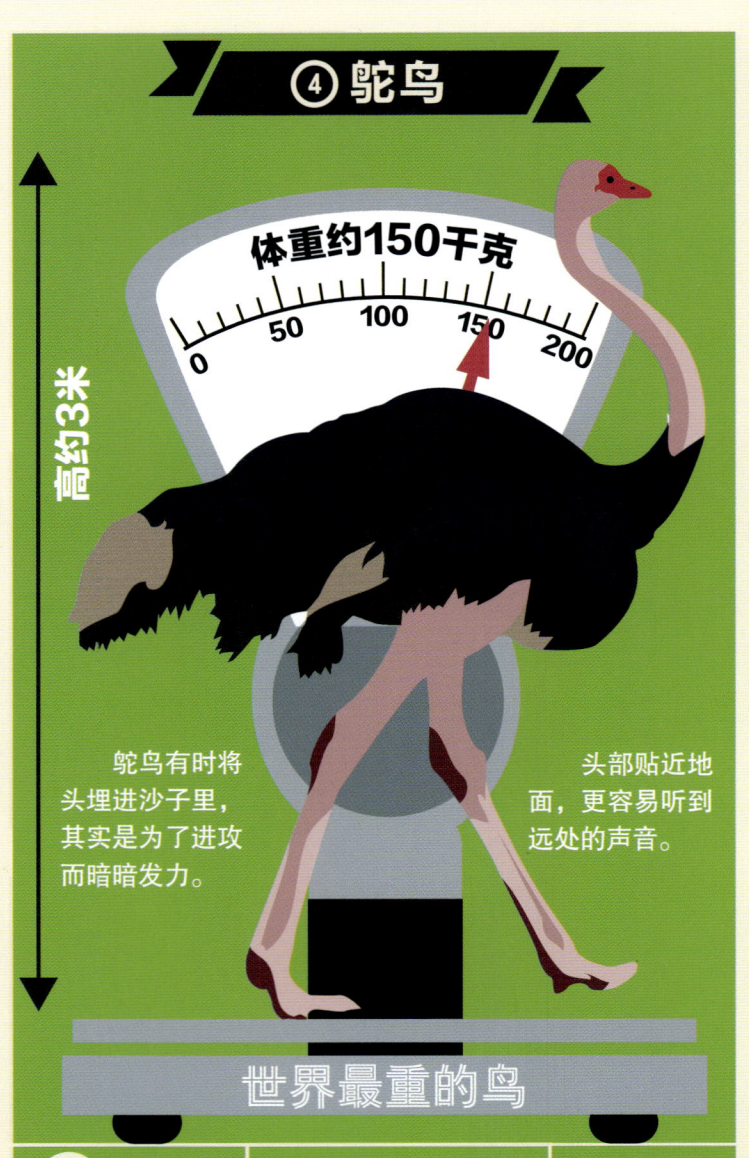

- 生活在非洲。
- 奔跑速度约70千米/时(比马跑得还快)。
- 鸟蛋重约1.5千克。

⑤ 非洲草原象
陆地最重的哺乳动物

体重约7吨

注意:非洲草原象比它的表亲非洲森林象重2倍。

相当于11头牛的质量。

- 高约3.5米

- 生活在非洲。
- 一根象牙重约90千克。
- 小象出生时体重约110千克。
- 非洲草原象每天要补充200多千克树叶和100多升水。

⑥ 吸蜜蜂鸟
世界最轻的鸟

吸蜜蜂鸟虽然只有昆虫那么大,但飞行能力很强,每秒内振翅可达80次。吸蜜蜂鸟成鸟体重约1.8克,约等于2枚曲别针的质量。

- 体长约5厘米

鸟蛋的直径约1厘米,比一枚曲别针还短。
鸟蛋重约0.4克,是世界最轻的蛋。

- 生活在古巴。

出生时体重约0.3克。

每天要吃掉约5克食物。

生活在亚洲、非洲、欧洲。

⑦ 伊特鲁里亚鼩鼱（qú jīng）

世界最轻的哺乳动物之一

体重约2克

伊特鲁里亚鼩鼱体形微小，但是胃口很大。

体长约8厘米

⑧ 大黄蜂蝙蝠

世界最轻的哺乳动物之一

体重约2克

大黄蜂蝙蝠也叫泰国猪鼻蝙蝠。1974年，人类在岩洞里发现了它。它与伊特鲁里亚鼩鼱并称为世界上最小最轻的哺乳动物。

生活在泰国和缅甸。

马来大狐蝠的质量差不多是大黄蜂蝙蝠的500倍。

⑨ 霸王龙的大便

世界最大的粪化石

重约7千克

这块恐龙粪化石被萨斯喀彻温皇家博物馆收藏。

科学家在这块粪化石里面发现了小骨头，经过研究推测，它来自一只质量约7吨的霸王龙。

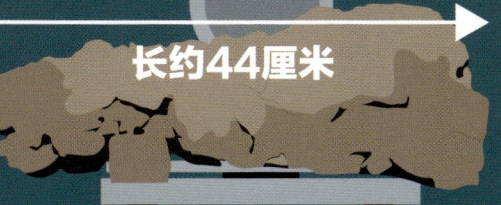
长约44厘米

 发现地点：加拿大。

 霸王龙生活在约6 500万年前。

发现时间：1995年。

⑩ 阿根廷龙

体长约35米

大块头的恐龙

高约12米

体重70~80吨

相当于10只成年霸王龙的质量。

1990年，阿根廷龙化石被发现。科学家们仔细研究了这块骸骨化石，推测出它的主人虽然不是世界上最大的恐龙，却有可能是最重的恐龙。

 发现地点：阿根廷。

 生存年代：约9 000万年前。

 奔跑速度约8千米/时，羚羊的速度比它的快近10倍。

⑪ 南瓜

世界最大的南瓜

南瓜是种植类蔬菜中个头最大的。在美国和欧洲大部分国家，每年为了庆祝万圣节都会举办最大南瓜评选大赛。目前，世界上最大的南瓜是2016年的南瓜冠军。

重 1190.49 千克

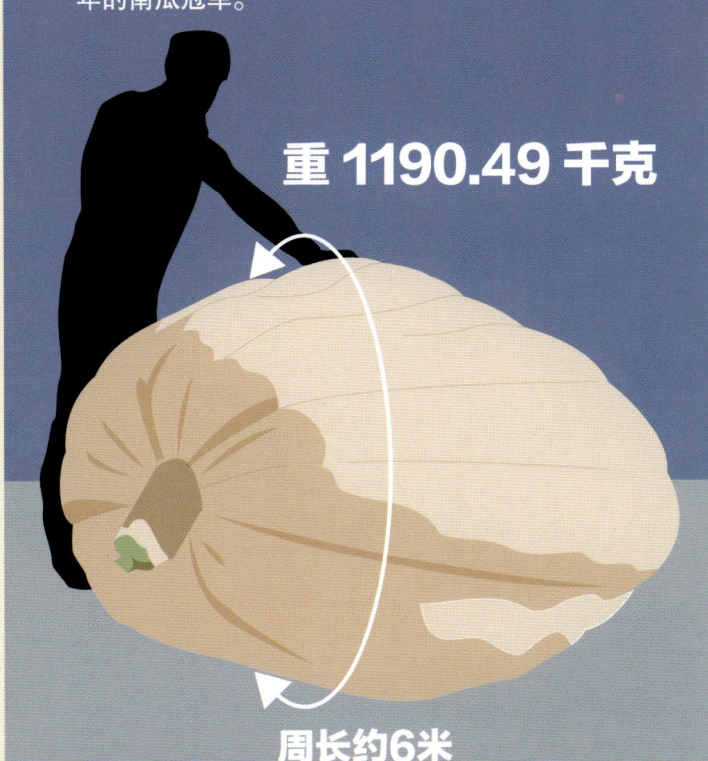

周长约6米

产自比利时。

相当于238个5千克的南瓜的总质量。

⑫ 库利南钻石

钻石质量：3 106 克拉 ≈ 621 克

世界最大的钻石原石

库利南钻石是世界上已知最大的钻石原石。1905年，人们在南非的一座矿山中发现了这块钻石，它的名字来自矿山主人托马斯·库利南。它被分割成9颗，其中一颗镶嵌在英国国王的王冠上。

发现地点：南非。

钻石的质量单位换算：1克拉=0.2克。

⑬ 波罗蜜

世界最重的水果

树高约10米
果实长约70厘米

平均质量 **20千克**
（相当于13个菠萝的质量）

原产于印度。

果实直接长在树干上，呈不规则的椭球形，表皮粗糙有软刺，远远望去，就好像一个大蜂窝。

⑭ 潘多复合杨树

世界最重的活生物组织

潘多复合杨树在拉丁语里的意思是"我伸展"。同一棵树分株后，地下的根系会连成一张巨大的网，一棵小树苗也能长成一片树林。

质量约 **6 000 吨**

生长在美国犹他州。

树龄：约8万年。

近5万个分株，根系占地面积约43万平方米。

⑮ 巴格尔 293 挖掘机

世界最重的车辆

这台巨大的斗轮挖掘机制造于1995年，它有一条可旋转的巨大长臂，上面有很多个铲斗连在一起，而且它可以把开采出的矿物直接送到传送带上，提高开采效率。

质量约 **14 250 吨**

相当于25架空中客车A380的质量（按最大起飞重量570吨计算）。

高约96米
长约220米
车轮直径约22米

有18个铲斗，每个铲斗相当于1辆小货车的体积。

操控这辆车同时需要5个人。

产自德国莱比锡。

⑯ 别拉斯 75710 卡车

世界载重最大的卡车

别拉斯75710卡车制造于2013年。它的任务是在西伯利亚运输煤炭和矿渣。有了它，工人运煤的速度快了很多！

车身质量约 **360 吨**
满载后总质量约 **810 吨**

长约20.6米

产自白俄罗斯。

最快速度：64千米/时。

载重约450吨。

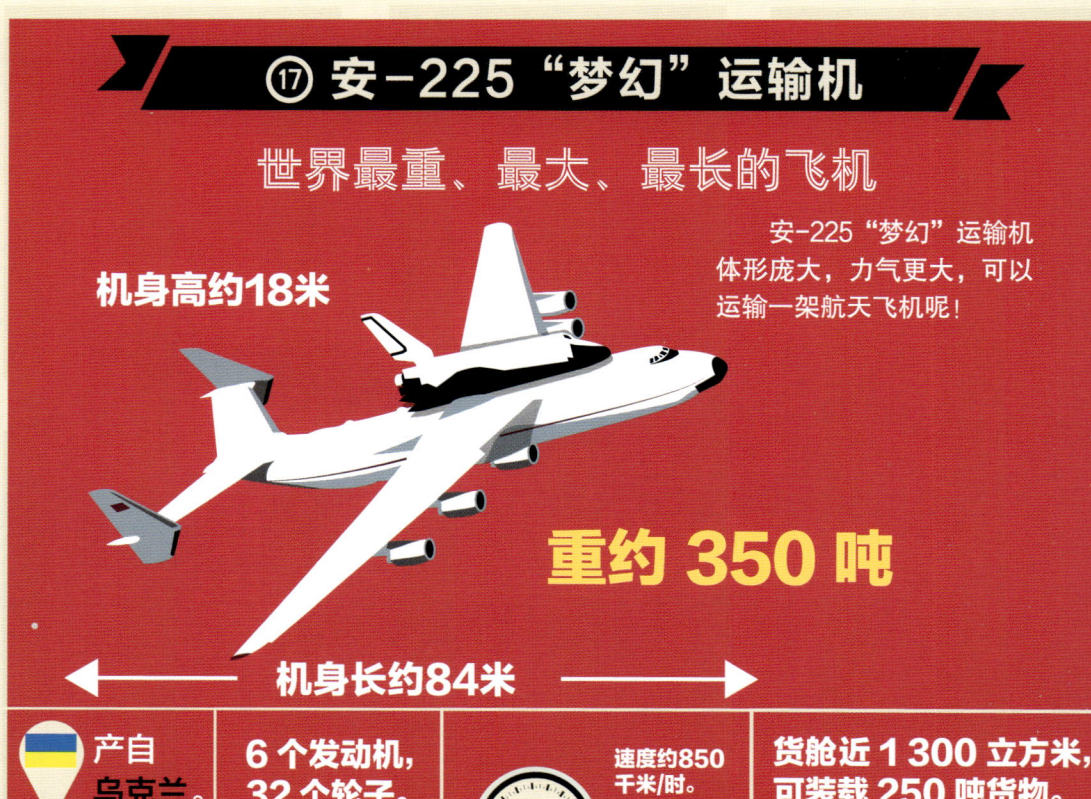

⑰ 安-225 "梦幻" 运输机

世界最重、最大、最长的飞机

安-225"梦幻"运输机体形庞大，力气更大，可以运输一架航天飞机呢！

机身高约18米
机身长约84米

重约 **350 吨**

产自乌克兰。

6个发动机，32个轮子。

速度约850千米/时。

货舱近1 300立方米，可装载250吨货物。

⑱ 蟋蟀单人飞机

世界最轻的双引擎单人飞机

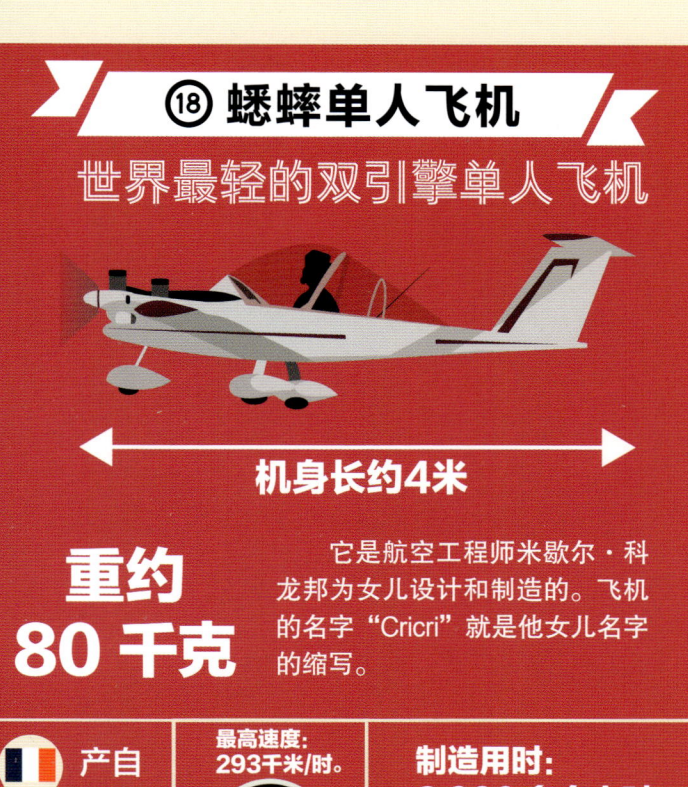

机身长约4米

重约 80 千克

它是航空工程师米歇尔·科龙邦为女儿设计和制造的。飞机的名字"Cricri"就是他女儿名字的缩写。

- 产自法国。
- 最高速度：293千米/时。
- 制造用时：2 000多个小时。

⑲ 大露罗

世界最重的相扑运动员

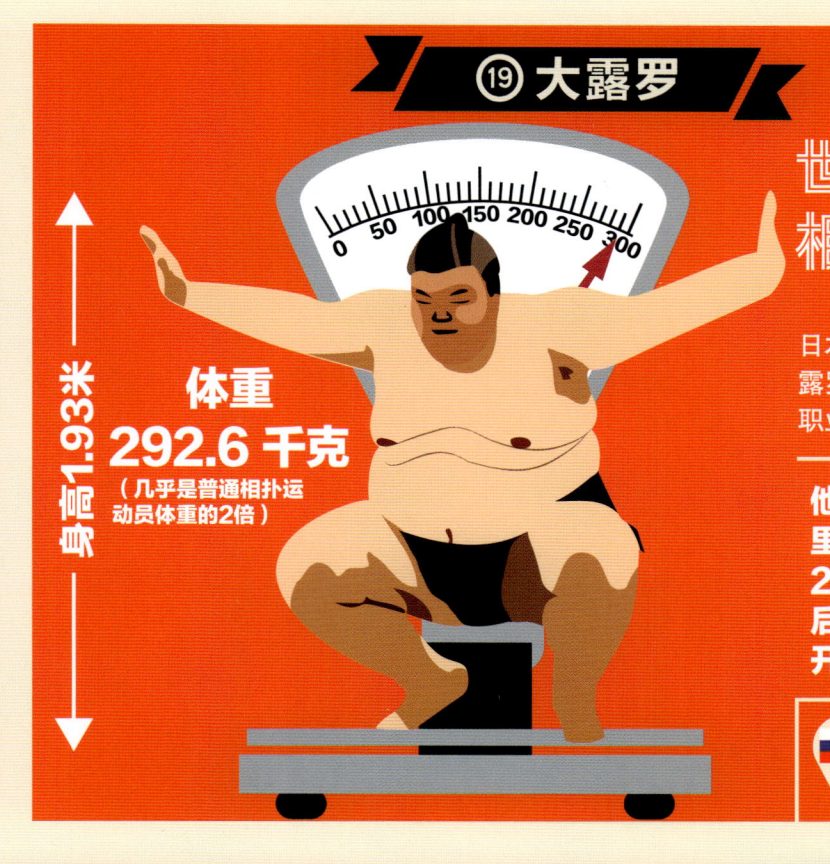

身高1.93米

体重 292.6 千克（几乎是普通相扑运动员体重的2倍）

相扑是日本的国技，在日本有很高的社会地位。大露罗是目前世界上最重的前职业相扑运动员。

他每天摄入上万卡路里的热量，相当于吃20个大汉堡。退役后，大露罗为了健康开始减肥。

 大露罗出生于俄罗斯。

阿斯托拉特 ㉑ 梦幻城堡

世界最轻的城堡

艺术家伊莲·迪尔设计并用混凝纸浆建造了这个微型城堡。从厨房到舞厅，城堡经过了完美的装修，每个细节都值得欣赏。

重约 360 千克

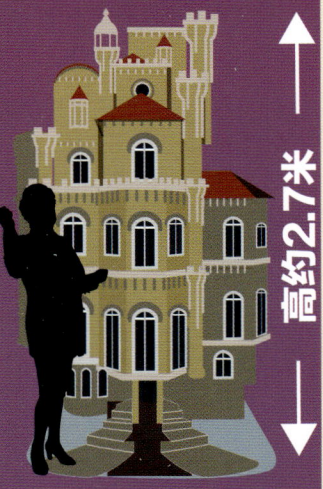

高约2.7米

- 建造历时：13 年。
- 7 层，29 个房间。
- 1万多件微型物品。

 来自美国科罗拉多。

⑳ 布莱恩·肖

世界大力士

轮胎质量 486 千克

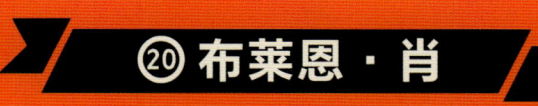

（约为1头牛的质量）

世界力量比赛有许多，布莱恩·肖获得了4次"世界大力士冠军赛"冠军，他拉起了486 千克的轮胎，被人们称为世界大力士。

 来自美国。
 1982年2月26日出生。
 体重约212千克。
身高约 2 米。

㉒《四季花卉》

世界最轻的书

《四季花卉》是日本凸版印刷出版社采用一种超细印刷技术印制而成的，这种技术和印钞厂用于防伪的印刷技术相同。书的质量只有几毫克。

这本书的内容是一些花的插图，阅读时需要借助放大镜，用镊子翻页。

 来自日本东京。
共有 22 页。
 出版日期：2013年3月。
印刷了 250 册。

㉓ 牛久阿弥陀佛

重量级的青铜佛像

制作材料：青铜

重约 4 000 吨

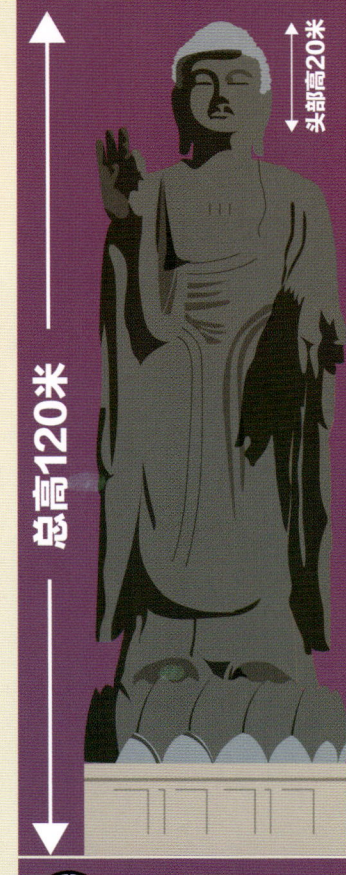

头部高20米
总高120米

 1993 年开放。

 位于日本牛久。

最慢的 最快的

- ● 恐龙
- ● 动物
- ● 人类
- ● 建筑
- ● 科技
- ● 天文
- ● 自然
- ● 体育

速度

速度是指运动物体单位时间内通过的距离，有很多种方法可以测量它。人们用秒表测量跑步时冲刺的时间，从而计算出跑步速度；用风速计测量风的速度；用测速仪测量车速……

生活中常用的速度单位有米/秒、千米/时。米/秒表示每秒通过多少米的距离，千米/时表示每小时通过多少千米的距离。还有几个特别的速度单位：盎格鲁-撒克逊人使用的速度单位是英里/时，水手使用的速度单位是海里/时，飞行员使用的速度单位是马赫。

| 1英里/时 ≈ 1.609 千米/时 | 1海里/时 = 1.852 千米/时 | 1马赫 = 1 225.08 千米/时 |

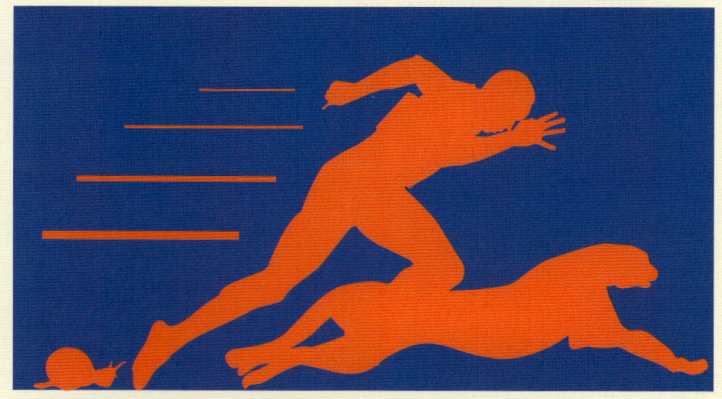

最慢的 最快的

超音速推进号

土星5号运载火箭

18 19 美国

尤塞恩·博尔特

三趾树懒

X-43试验机

8

25

12
牙买加

水腹蛇

15 7

秘鲁 巴西

16

普雅·雷蒙达

帕立卡

太平洋

4

旗鱼

18

最慢的 | 最快的

② 游隼
短距离冲刺冠军

体长约50厘米
速度约390千米/时

游隼是猛禽，发现猎物后会俯冲下去，用翅膀使劲抽打猎物。

生活在南极以外的地区。
体重约 0.8 千克。

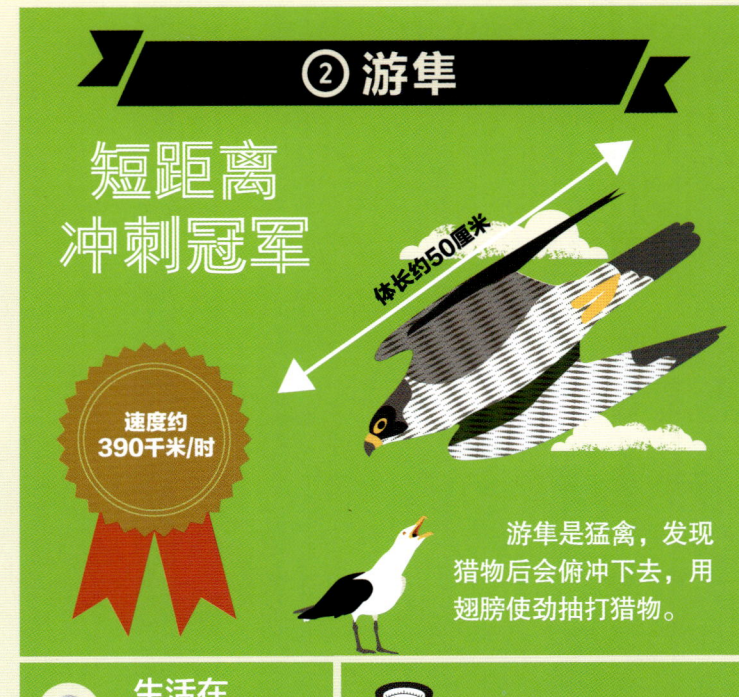

① 撒哈拉银蚁
爬行速度最快的昆虫

这种小动物是沙漠中的"闪电侠"，它的腿比普通蚂蚁的长，因此能在灼热的撒哈拉沙漠上快速移动。

体长约7毫米

生活在撒哈拉沙漠。
速度约为 0.7 米/秒。每秒移动的距离大约是自身体长的100倍。

③ 勃艮第蜗牛
爬行速度最慢的动物之一

勃艮第蜗牛是一种软体动物，由外壳保护着自己柔软的身体。它没有脚，靠腹部肌肉的收缩和身体分泌的黏液向前爬行。

由于爬得慢，勃艮第蜗牛离家很少超过1000米。

体长约5厘米

平均速度：0.004 千米/时

生活在欧洲
体重约 21 克

④ 旗鱼
世界最快的鱼

体长约3米
速度约100 千米/时

生活在热带和温带海域。

旗鱼的背鳍像船帆一样，当旗鱼攻击猎物时，流线型的身躯像离弦的箭一样飞速前进。

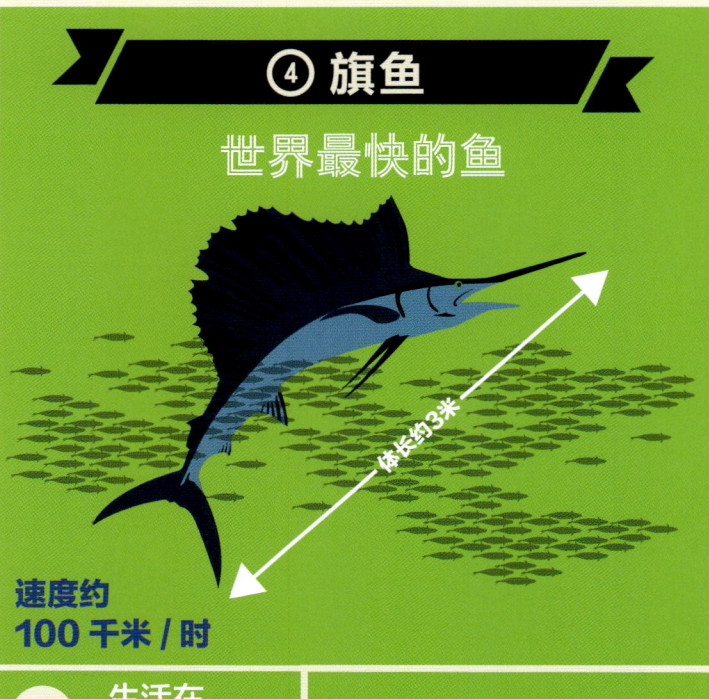

⑤ 海马
世界最慢的海洋动物

海马借助小小的背鳍，以垂直的姿态缓慢游动，与此同时，背部的棘条快速活动，使身体保持平衡。

最快速度0.01 千米/时

体长约12厘米

生活在热带和温带海域。

⑥ 猎豹
世界最快的哺乳动物

猎豹的体形特别适合奔跑：脑袋很小巧，身形前高后低，腰身细长，可大大减小空气阻力，3秒内就能达到最快速度。

1个跨步≈8米

猎豹冲刺后，恢复体力至少需要30分钟。
体重约 50 千克。
主要生活在非洲。

猎豹从 0 千米/时加速到 100 千米/时只需要 3 个跨步，最快速度超过 110 千米/时，百公里加速比法拉利跑车还快！

身体能伸展到1.5米

⑦ 三趾树懒

平均速度约 0.1千米/时

体长约60厘米

世界最慢的哺乳动物

三趾树懒一般藏在树冠里，平均每天睡20小时，大约一周从树上下来拉一次便便。因为它移动的速度特别慢，又有保护色，所以不容易被发现。

 主要生活在南美洲。

 体重约4千克。

绝技：脑袋可以旋转270度，不用转身就能看到身后的东西。

⑧ 水腹蛇

最迅疾的攻击

攻击速度约3米/秒

平均体长1.8米

水腹蛇是一种毒蛇，半水生蛇类，以鸟、鱼等小动物为食。水腹蛇特别好斗，遇到敌人时会张开大嘴吓唬对方。

🇺🇸 主要生活在美国。

平均体重约4.6千克。

⑨ 美颌龙

速度最快的恐龙

平均体长1.4米

高约25厘米

19世纪50年代，这种小型食肉恐龙的化石被发现。美颌龙比一只猫还轻，专门捕食小猎物。

奔跑速度约64千米/时，比霸王龙快近3倍。

🇩🇪 发现地点：德国。

体重约3千克。

⑩ 恐手龙

似鸟龙里最慢的恐龙

奔跑速度：30千米/时

高约5米

体长约10米

1965年，恐手龙的骨骼化石被发现。恐手龙有超大的个头和长长的爪子。很长一段时间，科学家们都怀疑它是食肉动物，后来才确认它是杂食动物。

如果恐手龙和美颌龙赛跑，美颌龙已经到终点了，恐手龙才跑了大约一半的距离。

 发现地点：蒙古国。

 体重约7吨。

⑪ 索日劳·图瓦卢

体育史上最慢的冲刺

2011年世界田径锦标赛上，短跑选手索日劳·图瓦卢打破了最慢冲刺纪录。

来自萨摩亚群岛。

100米冲刺用时15.66秒。

⑫ 尤塞恩·博尔特

跑得最快的人

100米仅41个跨步，其他短跑运动员平均44个跨步。

博尔特创造的世界纪录：
100米用时9.58秒，
200米用时19.19秒，
11项世锦赛冠军，
8枚奥运金牌。

1986年8月21日，博尔特出生于牙买加一个普通的家庭。小时候他是体育学校有名的"捣蛋鬼"。母亲为了给他补身体，赚的钱大部分买了牛肉等营养品。

身高1.96米

 体重约90千克。

 来自牙买加。

最快速度达44千米/时

⑬ 菲利克斯·鲍姆加特纳

世界最快的跳伞运动员

2012年，这位极限跳伞运动员从约3.9万米高的太空舱跳下，下落速度超过了声速。这一跳使他闻名世界！

最快速度1342千米/时，超过了声速（1224千米/时）。

来自奥地利。

打开降落伞前，他进行了约4分钟的自由落体运动。

⑭ 狸藻

捕食速度最快的食肉类植物

狸藻生长在湿地里，它有一种独特的吸气结构，能够以极快的速度把接近它的昆虫幼虫包裹起来，然后消化掉。

捕食过程仅需 1/1000 秒（也就是 1 毫秒）。

高约35厘米

分布广泛。

⑰ 布加迪威龙超级运动版

真实道路上速度最快的车

布加迪威龙超级运动版是真实道路上速度最快的车。设计目的是打造小众、高端、超豪华的品牌，这款车具有超高的行业标准，全球只生产了几十台，刚推出就被抢购一空。

最快速度约 431 千米 / 时

功率：约 1 000 千瓦

人们一般用瓦特（瓦）作为功率单位，1 000 瓦等于 1 千瓦。发动机的功率越大，汽车就跑得越快！

产自法国莫尔塞姆。

⑮ 帕立卡

世界生长最快的树

平均高约50米

生长速度大约一年 9 米。

帕立卡是很好的商用木材，可以制作胶合板，然后做成家具。它的寿命不长，因为它有一个天敌——蝉！

平均寿命：7 年。

 主要生长在巴西。

⑯ 普雅·雷蒙达

世界绽放最慢的植物

普雅·雷蒙达是一种很罕见的植物，生长在海拔3 200～4 800米的秘鲁安第斯高原。

高约12米

80～100 年开一次花。

花期：约 2 个月。

一次结出约 600 万颗种子。

 主要生长在秘鲁。

⑱ X-43 试验机

世界最快的飞机

飞行速度：1.15 万千米 / 时

2001 年 6 月，美国宇航局试飞了一种世界上飞得最快的飞机。飞机从美国东岸飞至西岸只需半小时左右，它的研制耗资高达 2.3 亿美元。

产自美国。 质量约 1.2 吨。 机身长约 3.65 米。

⑲ 超音速推进号

最快的陆上引擎

超音速推进号是一辆喷气式汽车，依靠向后喷出高速气体的反冲，获得向前的推力。1997 年 10 月，英国前战斗机飞行员安迪·格林在黑石沙漠驾驶着它，创下了世界纪录。

2 台劳斯莱斯涡轮发动机。

速度约 1 227 千米 / 时，超过了声速。

功率约 78 000 千瓦。

 纪录产生在美国。

⑳ 澳大利亚之魂
世界最快的船

位于澳大利亚布洛韦灵水坝湖。

功率约 4 400 千瓦。

速度 511 千米 / 时

1978 年 10 月 8 日，澳大利亚人肯·沃尔比制造的澳大利亚之魂创造了水上最快纪录。

㉑ 冰川快车
世界最慢的快车

瑞士风景优美。冰川快车用 8 个多小时行驶约 300 千米的旅程，因此被称为世界上最慢的观景快车。经过电气化改造后，它的速度稍稍提高了一些。

速度 35 千米 / 时。

穿越 91 个隧道、291 座桥。

路线：从瑞士圣莫里茨到采尔马特。

㉒ 罗萨方程式
世界最快的过山车

5 秒内可加速到 240 千米 / 时

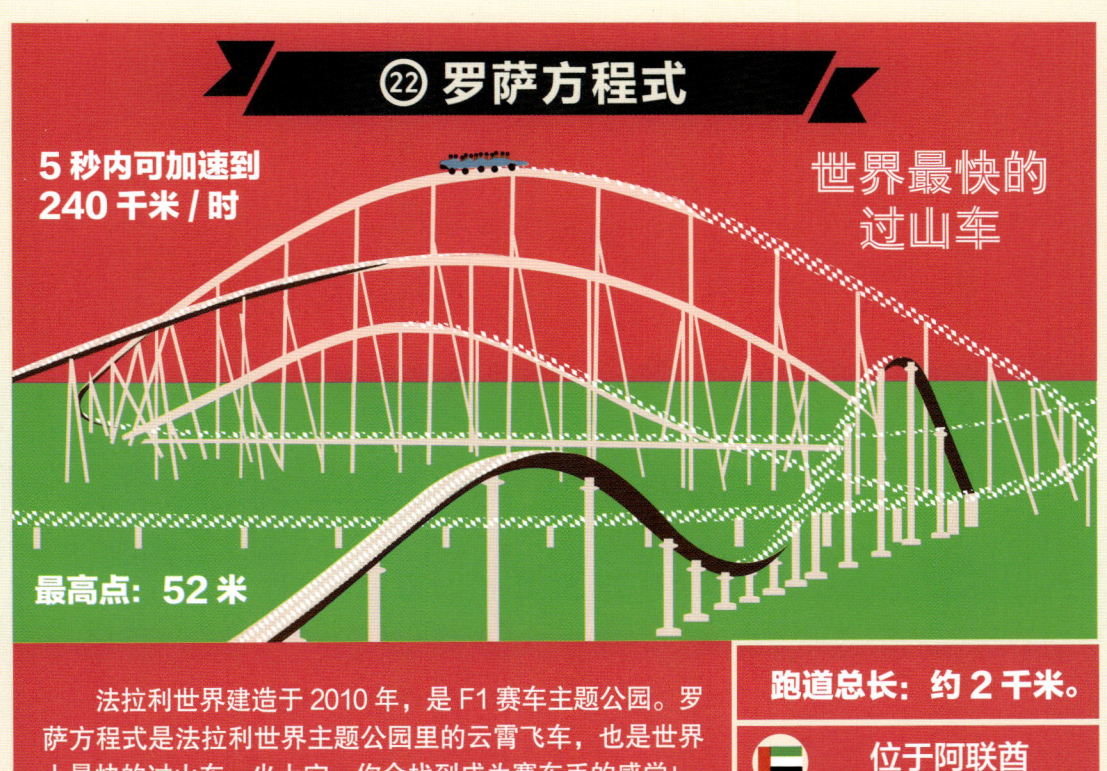

最高点：52 米

法拉利世界建造于 2010 年，是 F1 赛车主题公园。罗萨方程式是法拉利世界主题公园里的云霄飞车，也是世界上最快的过山车。坐上它，你会找到成为赛车手的感觉！

跑道总长：约 2 千米。

位于阿联酋阿布扎比。

㉓ 磁浮铁路
世界最快的铁路

最快速度：603 千米 / 时。

平均速度：500 千米 / 时。

路线：从日本东京到名古屋。

磁浮铁路的名字源自磁悬浮技术，列车可以在轨道上方快速移动。磁浮铁路预计于 2027 年投入使用，目前尚处于试验阶段。

㉔ 朱诺号木星探测器
运行速度最快的探测器

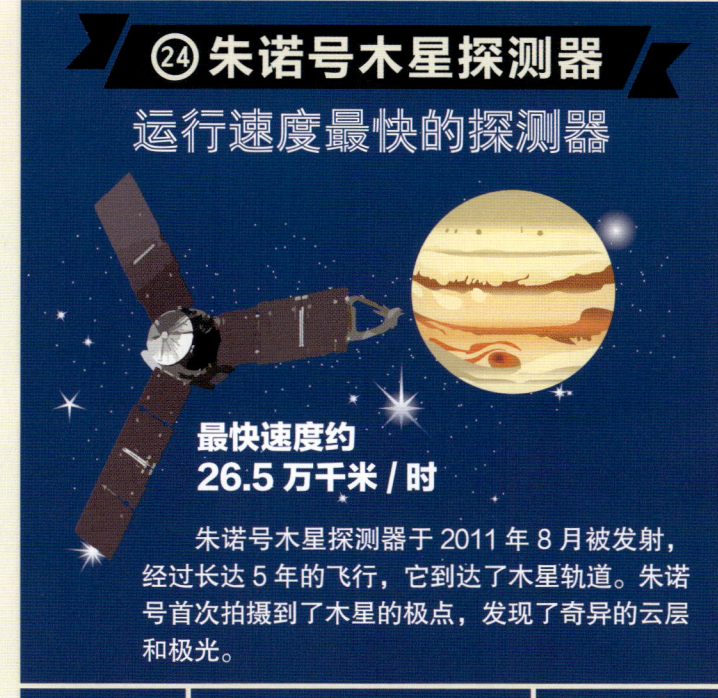

最快速度约 26.5 万千米 / 时

朱诺号木星探测器于 2011 年 8 月被发射，经过长达 5 年的飞行，它到达了木星轨道。朱诺号首次拍摄到了木星的极点，发现了奇异的云层和极光。

2016 年 7 月 4 日创下纪录。

探测任务：主要观察木星的内部结构。

来自美国。

㉕ 土星 5 号运载火箭
人类最快的飞行速度

1969 年，在阿波罗 10 号行动中，控制舱里的 3 名宇航员在土星 5 号运载火箭进入地球大气层前，创下了人类最快飞行速度的纪录。

高 110.6 米

土星 5 号运载火箭是一个三级火箭，有 11 个发动机。

直径 10 米

来自美国。

最高速度超过 36 000 千米 / 时。

最短的
最长的

● 恐龙	● 科技
● 动物	● 天文
● 人类	● 自然
● 建筑	● 体育

计时工具

　　人类最古老的计时工具是圭表和日晷，它们是通过观测日影来计时的仪器，人们通过观察日影的长度来确定时间。
　　漏刻和沙漏分别通过水和沙的流动计时，有的方法现在还在使用。
　　挂钟、手表和秒表的出现使人类计时更精确了，现在已经可以精确到 0.01 秒。

| 3 000多年前：中国人开始用日晷计时 | 公元前 1000 年前后：沙漏出现 | 1929 年：第一台石英钟出现 |

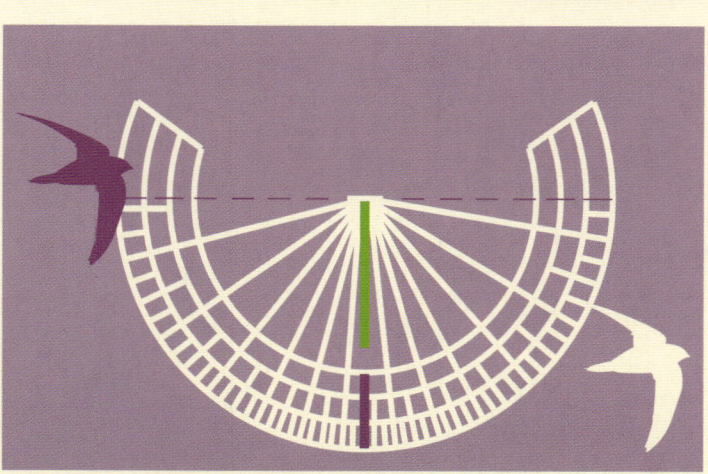

| 最短的 | 最长的 |

格陵兰鲨鱼 ⑤

美洲多拉尼亚蜉蝣

太平洋章鱼 ⑩

美国

⑦ ⑧ ⑬ 小麦花

太平洋

弗吉尼亚负鼠

最短的 | 最长的

① 让娜·卡拉芒

寿命最长的老人之一

女性在寿命上有绝对的优势。让娜·卡拉芒于1997年被吉尼斯世界纪录认证为最长寿的老人，她的出生证明也通过了认证。

有人问她长寿的秘诀，她微笑着说："我一直很平静。"100岁的时候，让娜·卡拉芒还在骑自行车，临终时她还用力挥了挥手，说了幽默的话。

寿命：122岁164天。

 来自法国。 生卒年：1875年2月21日—1997年8月4日。

② 路易十九

在位时间最短的君主

在位时间仅20分钟
（从继位到签署退位协议的时间）。

1830年8月2日，路易十九的父亲查理十世退位，路易十九成了国王。由于路易十九坚持君主制，革命者强迫他退位。同日，他被迫宣布放弃行使君主权力。

 生卒年：1775年8月6日—1844年6月3日。　 来自法国。

③ 普密蓬·阿杜德

现代史上统治时间最长的君主

1782年，却克里王朝建立，至今统治泰国。1946年6月9日，19岁的拉玛九世普密蓬·阿杜德继承了哥哥拉玛八世的王位。2016年10月13日，拉玛九世驾崩，长子继位，被称为拉玛十世。

泰国已故国王普密蓬·阿杜德的另一个称呼拉玛九世更知名。

在位时间：70年4个月零4天。

生卒年：1927年12月5日—2016年10月13日。　 来自泰国。

④ 明蛤

明蛤贝壳上纹理的厚度每年增加约0.1毫米。

科学家们耗时近7年才确定了明蛤的年龄。

 生活在冰岛。

世界寿命最长的动物

科学家们将这种软体动物命名为明蛤，他们通过明蛤贝壳上的纹理推断出它的年龄。

贝壳长度超过8厘米

2006年，科学家们为了研究明蛤而撬开了它的贝壳。

年龄高达507岁

⑤ 格陵兰鲨鱼

体长约5米

世界寿命最长的脊椎动物

格陵兰鲨鱼的体长每年只增加1厘米，通常会长到5米左右。科学家们通过研究格陵兰鲨鱼的体长变化，来确定它的年龄。

寿命约400岁

大约在150岁时成年

科学家们还通过格陵兰鲨鱼的眼部晶状体来确定其年龄，因为随着年龄增长，它眼部晶状体会逐渐增多。

 主要生活在北冰洋。

⑥ 阿尔达布拉象龟

世界寿命最长的龟

作为当地的明星,这只龟界长寿冠军自由地生活在印度洋的一个岛上。它是体形巨大、因寿命长而著称的塞舌尔象龟。它于2006年在动物园死去。

体长超过1.2米 | 体宽约90厘米 | 高超过60厘米(几乎跟桌子一样高)

超过 250 岁

- 生活在塞舌尔阿尔达布拉环礁。
- 体重约 250 千克。

⑦ 弗吉尼亚负鼠

孕期最短的动物

弗吉尼亚负鼠是有袋哺乳动物,孕期很短,有时一胎能产十几只宝宝。刚出生的幼鼠体形娇小,需要在妈妈的肚袋里生活一段时间。

兔子孕期 30天(1个月) | 大猩猩孕期 240~270天(8~9个月) | 大象孕期 600~660天(20~22个月)

- 主要生活在美国。
- 雌鼠每年产30多只幼鼠。
- 孕期约 13 天。
- 新生负鼠的体重跟蜜蜂差不多。

⑧ 美洲多拉尼亚蜉蝣

世界寿命最短的动物

蜉蝣的意思是"朝生暮死",虫如其名。不同种类的蜉蝣,生命周期也不同,有的几分钟,有的几天。

蜉蝣共有3 000多个品种。

美洲多拉尼亚蜉蝣的卵孵化后会以幼虫形态生活1~3年,然后长成成虫。在成虫不足5分钟的生命里,雌性美洲多拉尼亚蜉蝣需要找到配偶、交尾、产卵。

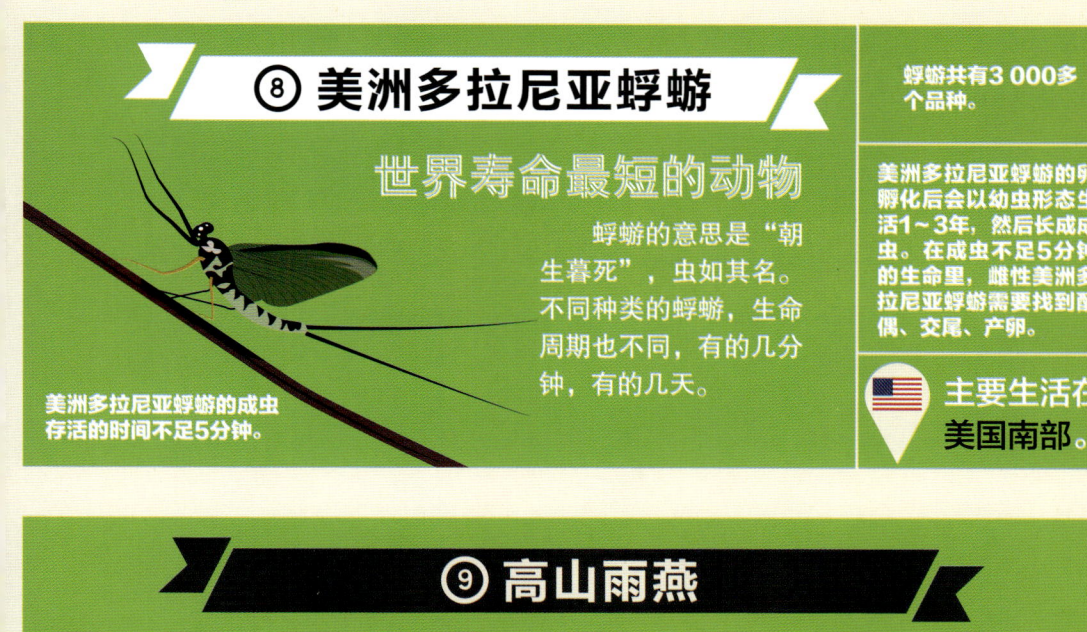

美洲多拉尼亚蜉蝣的成虫存活的时间不足5分钟。

- 主要生活在美国南部。

⑨ 高山雨燕

不停歇地飞行

高山雨燕擅长长距离飞行,它可以在飞行中捕捉昆虫,也可以在飞行中短暂休息。

可连续飞行超过 200 天,飞越 10 000 千米。

体长20多厘米

- 主要生活在欧洲南部。
- 体重80~120克。
- 冬季,高山雨燕会从欧洲迁徙到非洲。为了研究它,研究人员会在高山雨燕出发前给它体内植入记录仪来采集数据。

⑩ 太平洋章鱼

世界最长的孵卵期

太平洋章鱼把卵产在岩石上后,会一直盘缩在卵的上面保护卵的安全,直到小章鱼被孵化出来。

章鱼宝宝在卵中要待 4 年半。

一次可孵化出160多只小章鱼。

太平洋章鱼是寿命最长的头足纲动物,它的孵卵期也最长。

- 生活在太平洋。
- 由于小章鱼的身体在卵中得以充分发育,它刚被孵化出来就有捕食猎物的能力。

⑪ 柯氏喙鲸

潜水冠军

这种小型鲸保持着哺乳动物的潜水纪录。为了捕食,柯氏喙鲸可以屏住呼吸潜入大海深处。

能潜入近 3 000 米的深海。

最长潜水时间约2小时(约为人类潜水纪录的6倍) | 体长约7米 | 浮上水面休息约2分钟即可恢复体力。

- 体重约 7 吨。
- 生活在热带和温带海域。

⑫ 波西多尼亚海草

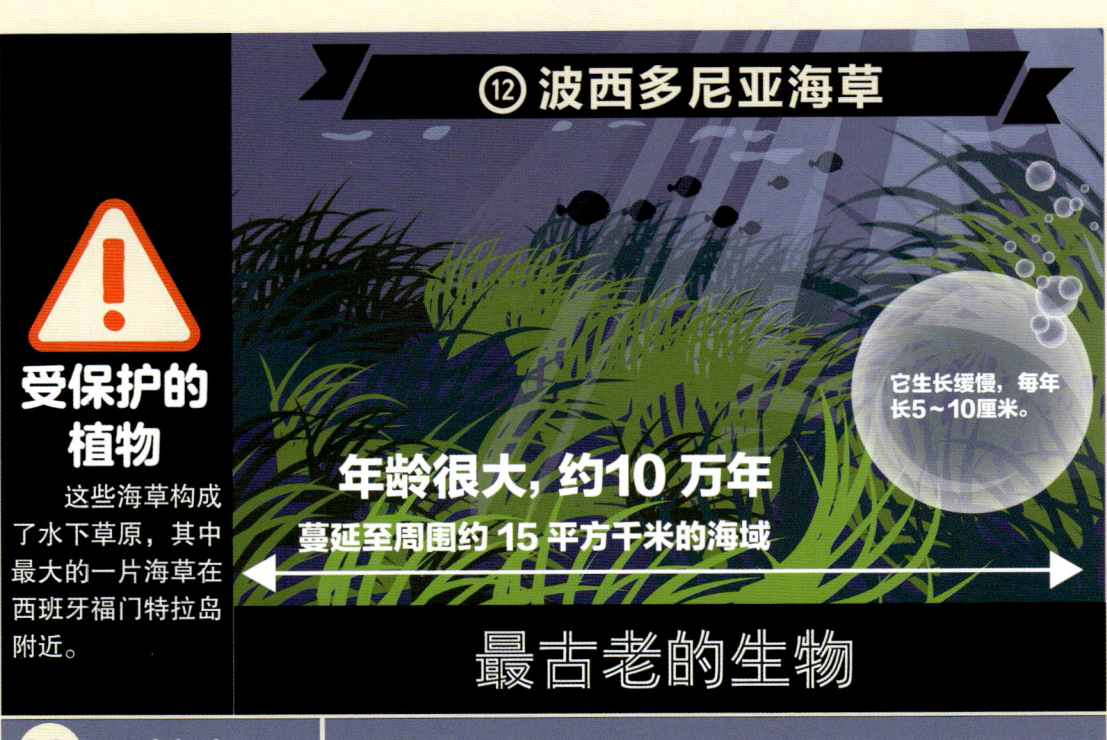

受保护的植物

这些海草构成了水下草原,其中最大的一片海草在西班牙福门特拉岛附近。

年龄很大,约10万年

蔓延至周围约15平方千米的海域

它生长缓慢,每年长5~10厘米。

最古老的生物

生长在地中海。

波西多尼亚海草是一种濒危植物,它能够制造氧气,在生态环境中扮演着非常重要的角色。

⑬ 小麦花

寿命最短的花

高45~60厘米

很多人都不会注意到小麦花,它既小又不够惊艳,但小麦的果实却养活了千千万万的人。

小麦花的花期最长为30分钟,最短为5分钟。

分布广泛。

小麦花为两性花,由1枚外稃(fū)、1枚内稃、3枚雄蕊、1枚雌蕊和2枚浆片组成。

⑭ 富尔奈斯火山

持续时间最长的火山喷发

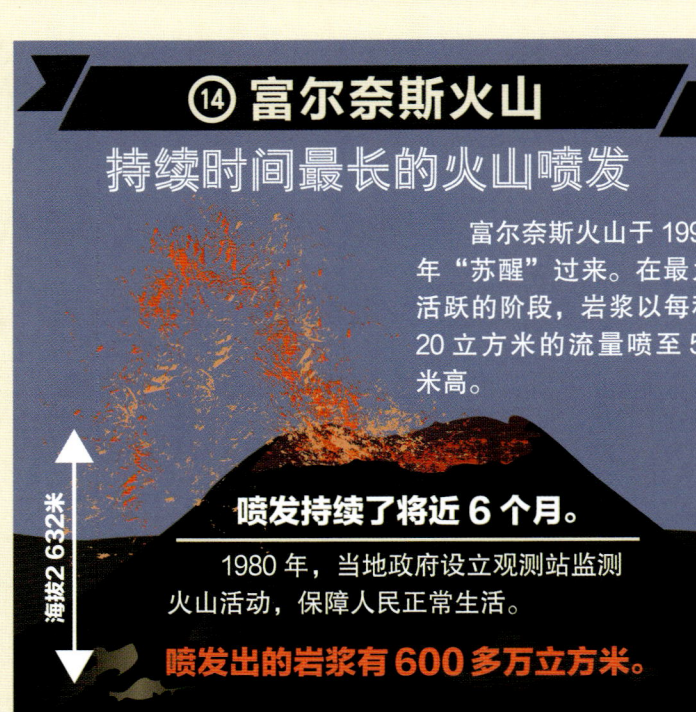

富尔奈斯火山于1998年"苏醒"过来。在最为活跃的阶段,岩浆以每秒20立方米的流量喷至50米高。

海拔2 632米

喷发持续了将近6个月。

1980年,当地政府设立观测站监测火山活动,保障人民正常生活。

喷发出的岩浆有600多万立方米。

位于法国留尼汪岛。

喷发时间:1998年。

⑮ 美泉宫动物园

最古老的动物园

美泉宫动物园被评为"欧洲最佳动物园",1996年被联合国教科文组织列入《世界文化遗产名录》。

1828年,英国总督给这个动物园赠送了第一头长颈鹿。

1906年,第一头小象在园内出生。

2007年,圈养繁育的第一只大熊猫宝宝在园内出生。

神圣罗马帝国皇帝弗朗茨一世建造了世界第一座动物园,目前园内拥有700多种动物,包括大熊猫、猩猩、考拉等。

位于奥地利维也纳。

建造时间:1752年7月31日。

建筑师:尼古拉·雅多。

⑯ 长城

世界最长的建筑

长城是一道高大、坚固而连绵不断的长垣。古代人们为了阻止外敌入侵而建造了长城,它是建筑和军事防御工程的杰出代表。

长城有2 000多年的历史。

全长2.1万多千米,是世界最长的建筑。

位于中国。

始建时间:春秋战国时期。

每年有超过1 500万游客游览长城。

⑰ 伊甸园电影院

世界最古老的电影院

伊甸园电影院位于法国南部的一个小城。

1899年3月21日,电影院首次播放了卢米埃尔兄弟拍摄的影片。

2013年,人们按照最初的样子装修并配备了现代科技设备后,伊甸园电影院重新开张。

位于法国拉西奥塔。

第一次彻底关闭时间:1995年。

⑱ 伦敦地铁

世界最古老的地铁

别称：地下铁

开通时间：1863年1月10日。

建造历时：约3年。

位于英国伦敦。

伦敦地铁是个特别庞大的工程，人们建造它时几乎挖空了伦敦的地下。这条地铁运用了工业革命以来最先进的铁路建设技术。人们最初使用了蒸汽机车，随着科技的进步，用电力机车代替了原来的蒸汽机车。

GN-z11（婴儿星系）

⑳ **人类已知最早的星系**

科学家估计，GN-z11形成于宇宙大爆炸后4亿年时，也就是134亿年前。

宇宙的年龄大约138亿年，地球的年龄约46亿年。

GN-z11是通过哈勃太空望远镜被观测到的，目前它是人类已知的离地球最远的一个星系。

GN-z11大小约为银河系的1/25。

位于大熊座方向。

⑲ 根纳季·帕达尔卡

太空中停留时间最长的人

从1998年到2015年，根纳季·帕达尔卡共参与了5次航天行动，在太空执行任务累计878天，他是在太空生活时间最长的人。

宇航员进入太空生活有严格的时间限制，因为人体在失重环境下长时间生活会造成肌肉和骨骼损伤。

为了保持身体健康，根纳季·帕达尔卡每天要进行约2小时的体能训练。

来自俄罗斯。

㉑ 阿莱克斯·塞古拉

男子憋气世界纪录

阿莱克斯·塞古拉在水下憋气24分3秒，打破了憋气世界纪录。做这项运动时，人需要屏住呼吸，在水下静止不动。

来自西班牙。

打破纪录时间：2017年2月28日。

㉒ 约翰·伊斯内尔 VS 尼古拉·马胡

耗时最长的网球比赛

本场比赛5盘成绩：
4:6
6:3
7:6
6:7
70:68

约翰·伊斯内尔赢了。

第5盘耗时约8小时。

这场比赛进行了3天，累计用了11小时5分钟，最终约翰·伊斯内尔获胜。2010年6月22日，在温布尔顿，约翰·伊斯内尔和尼古拉·马胡进行了一场神奇的网球赛。本次比赛创下了12项纪录：共使用了126个球，ACE球（对局双方中一方发球，球落在有效区内，但对方球拍却没有触及到球而使之直接得分的发球）216个，打了183局，总得分980分，比分打到70:68，运动员消耗了16 000卡路里……

比赛地点：英国伦敦。

㉓ 娜塔莉亚·穆尔查诺娃

女子憋气世界纪录

娜塔莉亚·穆尔查诺娃曾经创造了女子憋气世界纪录，水下憋气9分2秒。

娜塔莉亚·穆尔查诺娃曾经是竞技游泳选手，退役20年后开始自由潜水。她不仅是前世界冠军，还是俄罗斯潜水协会主席。然而，2015年她在海上失踪了。

她创造了41项世界纪录，共获得23枚金牌。

来自俄罗斯。

创造纪录时间：2013年6月28日（当地时间）。

㉔ 马丁·斯特雷尔

世界最远的游泳距离

游泳距离 5 268千米

马丁·斯特雷尔被称为"鱼人"。2007年，他穿越蛇群、食人鱼、鳄鱼……游完了世界上最长、最危险的河流——亚马孙河，创造了4项世界耐力纪录。

来自斯洛文尼亚莫考诺格。

此次挑战赛中，马丁体重减轻了近20千克。

马丁用66天完成了这次探险。

最安静的
最吵闹的

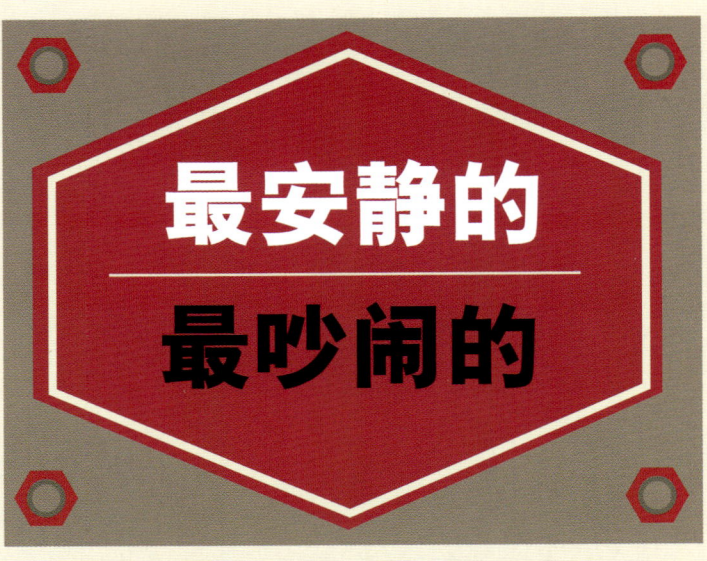

恐龙	科技
动物	天文
人类	自然
建筑	体育

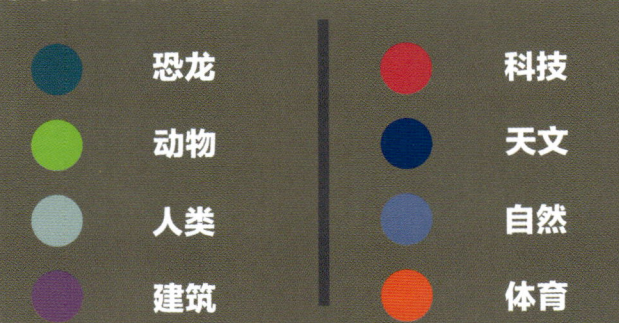

噪声

声音的强度就是声波发出的能量，强度越大，声音越嘈杂。噪声用弦音计来测量，用分贝来作为计量单位，梯度为 0~200。

特别注意：每增加 10 分贝，声音强度会增大 10 倍！

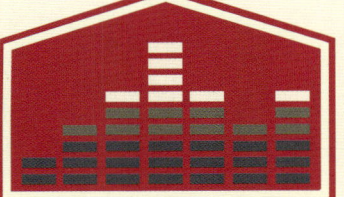

85分贝：人类安全界限

120分贝：会给人类带来痛苦

190分贝：会杀死人类

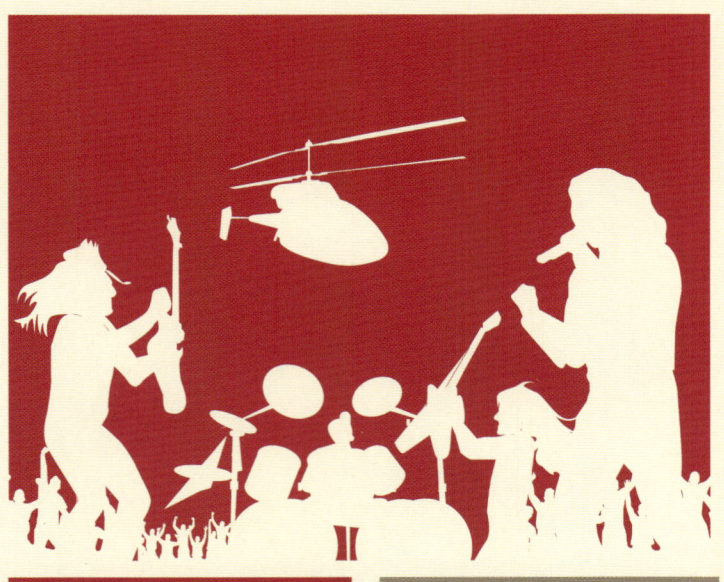

最安静的 **最吵闹的**

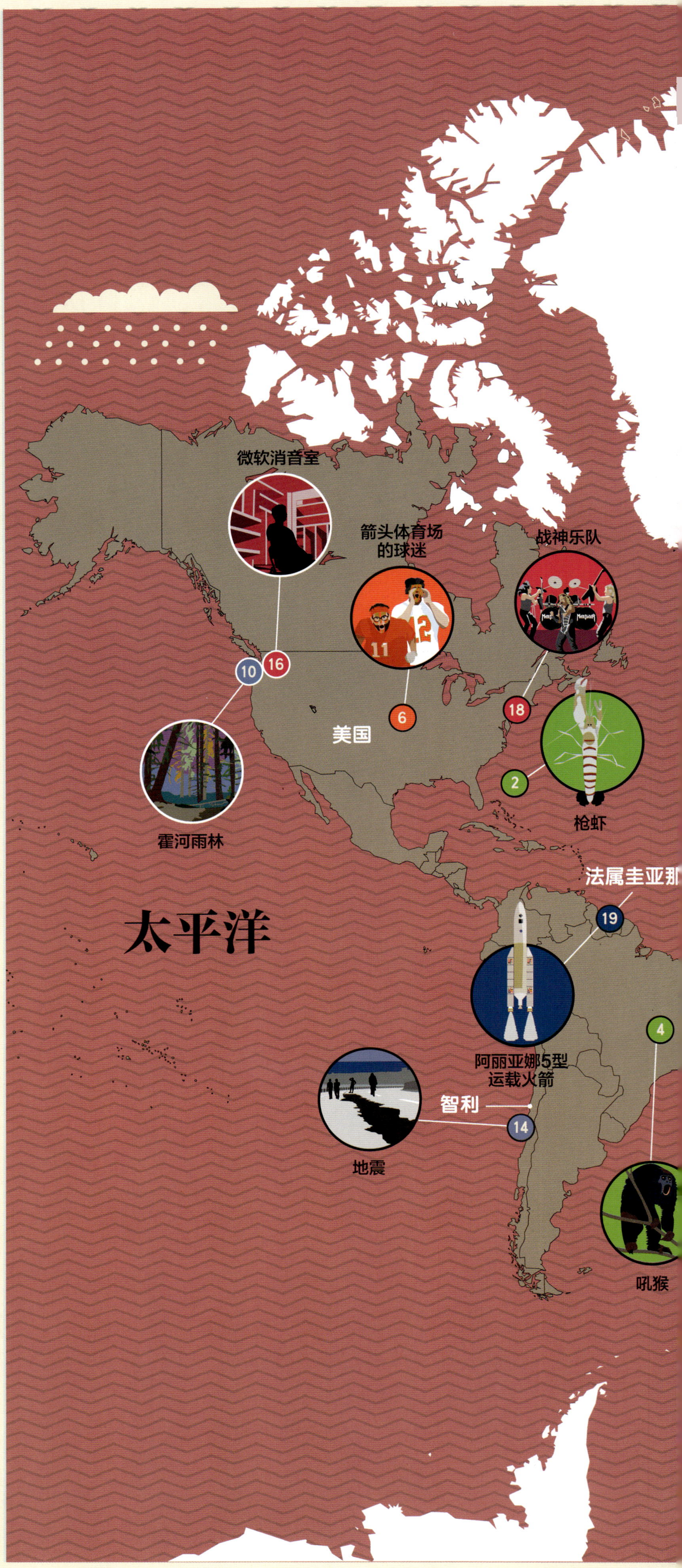

微软消音室
箭头体育场的球迷
战神乐队
16
10
6
18
美国
2
霍河雨林
枪虾
法属圭亚那
19
太平洋
4
阿丽亚娜5型运载火箭
智利
14
地震
吼猴

最安静的 最吵闹的

① 抹香鲸
最吵闹的哺乳动物

体长约20米

声音强度：**234 分贝**

声音在水中传播的速度比在空气中快得多。

四大洋均有分布。

抹香鲸通过发出特别的声音来传递信息。这种声音音量很大，科学家怀疑它有击昏水中猎物的作用。

② 枪虾
最吵闹的甲壳类动物

声音强度：**210 分贝**

比真实的枪声还响亮。

捕食时，枪虾会将巨螯迅速合上，然后喷射出一道水冲击波，将猎食对象击晕。高速的水流形成小气泡。气泡破裂的一瞬间，周围水体的温度可以达到近5 000℃，接近太阳表面的温度。

体长约5厘米

生活在美国佛罗里达州。

枪虾是群居动物，一群有数百只。

③ 绿色雨蛙
最吵闹的两栖动物之一

体长约5厘米

在繁殖季节，雄绿色雨蛙为了吸引雌绿色雨蛙，会整夜放声歌唱，其位于喉部下方的声囊起到了声音放大器的作用。绿色雨蛙音量超过了90分贝，接近狗叫的音量。

生活在欧洲。

每晚鸣唱3万多次。

声音传播距离：1~2千米。

④ 吼猴
最吵闹的猴子

体长50~70厘米

吼猴最大的声音强度达到120分贝，跟老虎的叫声差不多大。

在森林里，吼猴用沙哑而巨大的声音来宣示领地，十几千米外都可以听到它的声音。

主要生活在南美洲。

⑤ 划蝽
最吵闹的昆虫

声音强度：**99 分贝**
（相当于摩托车的音量）。

划蝽是世界上最吵闹的昆虫，好在它的声音大部分在从水中传播至空中的过程中损耗了。

雄性划蝽为了吸引雌性划蝽的注意，会用外生殖器摩擦下腹，发出震耳欲聋的"唧唧"声。

体长约2毫米

生活在法国的河流、池塘等淡水中。

人们通过水听器测量划蝽的音量。

⑥ 箭头体育场的球迷

最吵闹的球迷

2014年9月30日，在堪萨斯城酋长队对新英格兰爱国者队的一场橄榄球比赛中，场内球迷发出了史上最强的助威声。

当天比赛现场有77 000多位观众。

在美国堪萨斯城举行。

声音强度：超过140分贝

跟飞机起飞发出的声音强度差不多。

现场发放了36 000个耳塞。

⑦ 呜呜祖拉

最吵闹的工具

这种塑料大喇叭出现于20世纪60年代，多被球迷用来在足球赛场上助威欢呼，也被当作乐器。呜呜祖拉是南非文化的一部分，但它的声音可能导致听觉丧失，让人既喜欢又讨厌。

长约70厘米

声音强度大约140分贝。

来自南非。

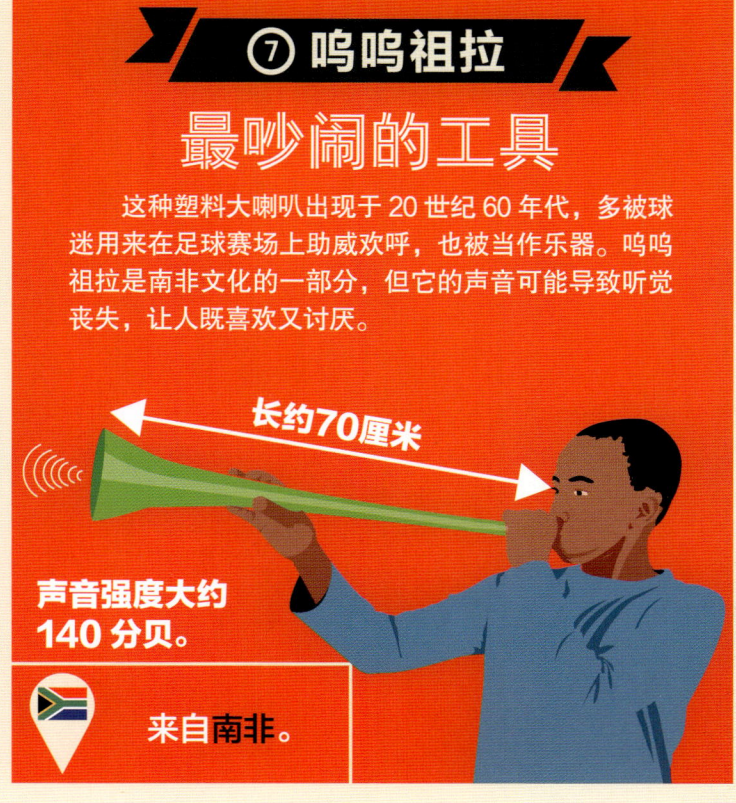

⑨ 内夫·夏普

世界最响的嗝

嗝是胃里的气体从嘴里出来时发出的声音。

人人都会打嗝，但内夫·夏普的嗝音量最大，有110.6分贝，相当于迪斯科舞厅的噪声强度！

来自澳大利亚

他的秘密是一口气喝了约600毫升汽水。

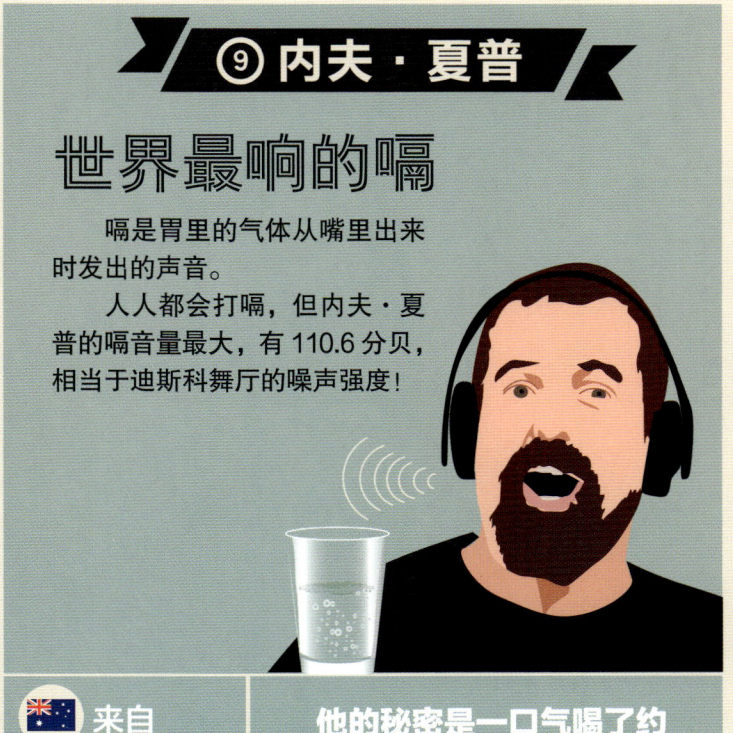

⑧ 一级方程式赛车

最吵闹的体育赛事

评论员包厢里的音量大约为95分贝。

赛道边的声音强度为130～140分贝。

在F1赛道上，赛车激烈角逐发出的声音真是震耳欲聋，观众必须戴上耳机防止噪声损伤耳朵。

F1法拉利发动机的音量为110分贝。

2014年，赛车的新款发动机经过了噪声改良，但这个做法却引起车手和车迷的不满，他们认为噪声是这项速度盛会的必然产物。

⑩ 霍河雨林

寂静的圣地

植物声音学家戈登·汉普顿于2015年创建了寂静的圣地，以保护雨林免受周围噪声的影响。

这里的音量只有30～40分贝（跟小声说话时的音量差不多）。

周围没有飞机和汽车经过。

圣地的名字叫"一平方英寸的寂静"。

位于美国奥林匹克国家公园。

1981年，美国奥林匹克国家公园被联合国教科文组织列入《世界遗产名录》。

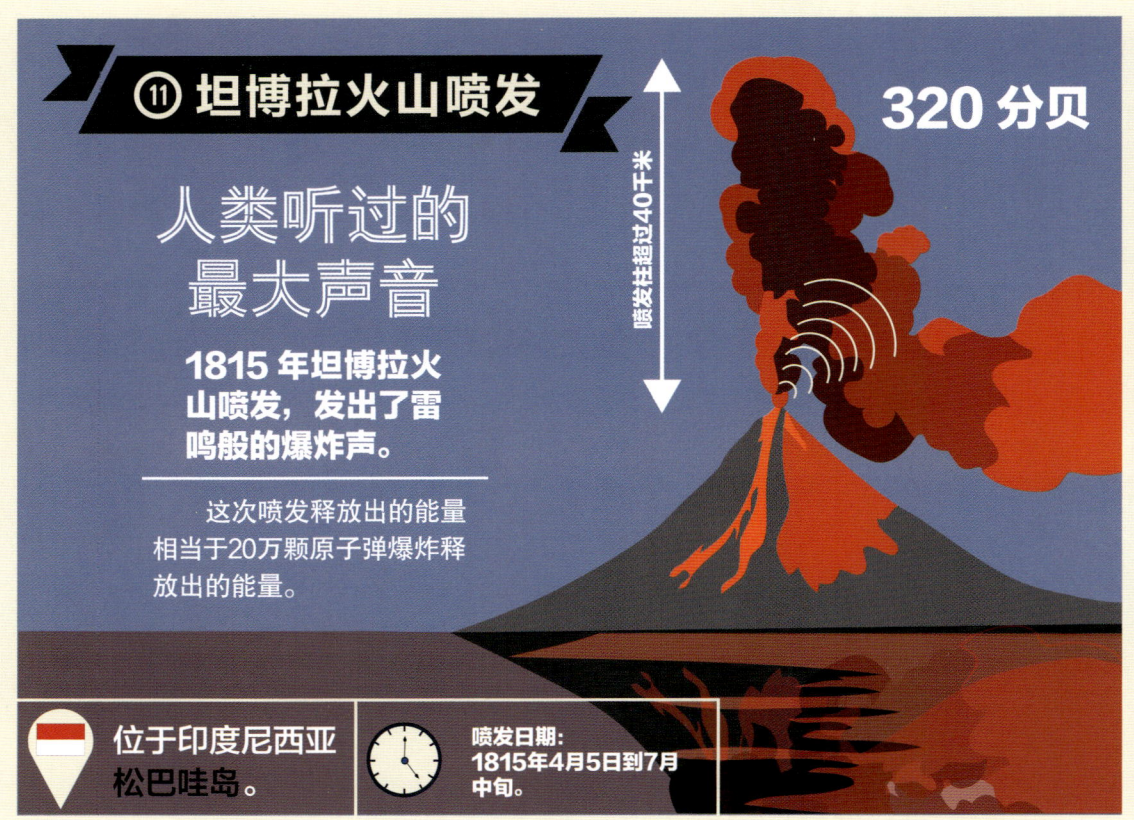

⑪ 坦博拉火山喷发

人类听过的最大声音

320 分贝

1815 年坦博拉火山喷发，发出了雷鸣般的爆炸声。

这次喷发释放出的能量相当于20万颗原子弹爆炸释放出的能量。

位于印度尼西亚松巴哇岛。

喷发日期：1815年4月5日到7月中旬。

⑬ 沙丘的歌唱

世界最吵闹的沙漠

110 分贝
（相当于电锯切割时发出的音量）。

鸣沙现象出现在由沙粒组成的沙漠里，当沙粒从沙丘上滑落时，沙丘崩塌发出的声音就像滚动的大鼓的一样。人们把这种声音称为"沙丘的歌唱"。

来自非洲撒哈拉沙漠。

声音可以传到 10 千米以外。全球有几十个沙漠存在鸣沙现象。

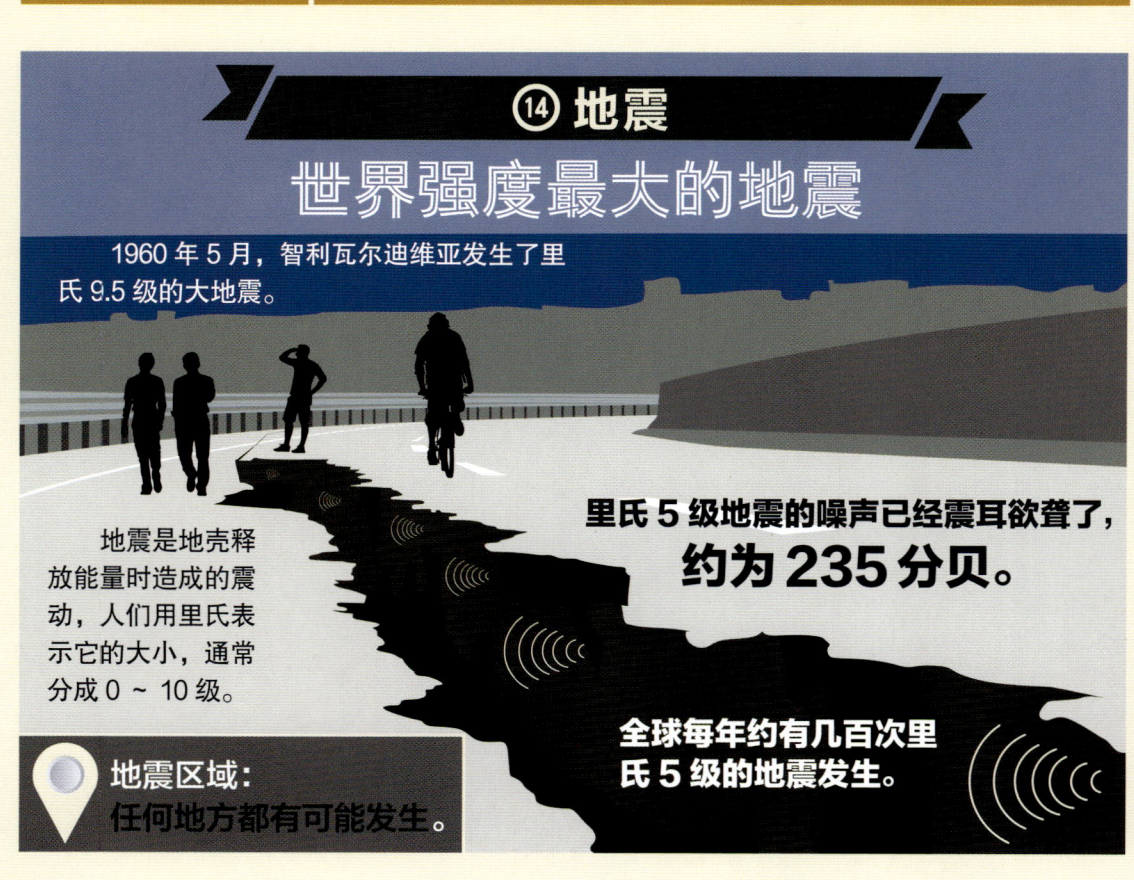

⑭ 地震

世界强度最大的地震

1960 年 5 月，智利瓦尔迪维亚发生了里氏 9.5 级的大地震。

地震是地壳释放能量时造成的震动，人们用里氏表示它的大小，通常分成 0～10 级。

里氏 5 级地震的噪声已经震耳欲聋了，约为 235 分贝。

全球每年约有几百次里氏 5 级的地震发生。

地震区域：任何地方都有可能发生。

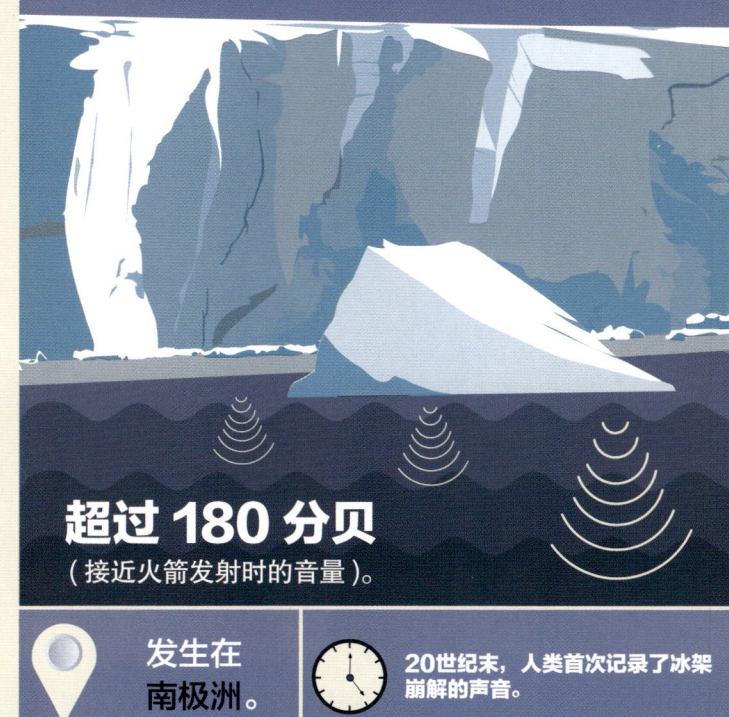

⑫ 冰架崩解

大自然最大强度的声音之一

地球上有很多冰山。当从大的冰架上脱落时，冰山会发出很大的声音，人们把这种现象称为冰架崩解。冰架崩解声在海里可以传出很远。

超过 180 分贝
（接近火箭发射时的音量）。

发生在南极洲。

20世纪末，人类首次记录了冰架崩解的声音。

⑮ 压缩空气炮

噪声最大的机器之一

压缩空气炮释放时的音量可达 250 分贝。

压缩空气炮主要用于水下油气资源的勘探。人们在水下把它释放后，通过分析回音了解海底的情况。

产自俄罗斯。

声音在水中可以传播 1 000 多千米。

⑯ 微软消音室

世界最安静的地方

声音强度：-20.6 分贝

人们一般通过声音确定方位。在这里，人们甚至可以听到自己内脏器官发出的声音。人们在这里会因为失去环境参照声而感到无法忍受，最多能待 45 分钟。

- 位于美国雷德蒙德。
- 这间实验室用于测量声波或电磁波，99.9% 的声波会被房间的墙壁吸收。

⑰ ROTORFLY 直升机

世界最安静的直升机之一

约 70 分贝（相当于一台吸尘器工作时发出的音量）。

- 产自俄罗斯
- ROTORFLY 是轻型直升机。机载重量约 250 千克，最高速度 170 千米/时，飞行高度约 2 千米。

世界最吵闹的乐队

战神乐队是一个重金属组合乐队，因劲爆吵闹的音乐风格而著称。

- 来自美国纽约。
- 2008 年在德国举办的演唱会中发出了最吵闹的声音。

⑱ 战神乐队

歌曲《动员令》表演现场的音量达到 139 分贝。

⑲ 阿丽亚娜 5 型运载火箭

最吵闹的火箭

阿丽亚娜 5 型运载火箭由欧洲多个国家联合制造，主要运载人造卫星并把它们送入轨道。它有超强的发动机，能提供强大的推力。

阿丽亚娜 5 型运载火箭发射时的音量接近 190 分贝。

高约 53 米

- 发射地点：法属圭亚那。
- 第一次发射时间：1996 年 6 月 4 日。

⑳ 通古斯陨石坠落

世界最强烈的爆炸之一

310 分贝

发生了什么？科学家们推测，这是一块巨大的陨石爆炸时发出的声音，爆炸产生了一个巨大的火球，并在大气中分解了。

相当于 250 颗原子弹爆炸时的音量。

- 发生在俄罗斯通古斯地区。
- 坠落时间：1908 年 6 月 30 日。
- 约 2 000 平方千米的植被被焚毁。

最冷的
最热的

● 恐龙	● 科技
● 动物	● 天文
● 人类	● 自然
● 建筑	● 体育

温度

自17世纪以来，人们一直用温度计测量气温或体温。盎格鲁-撒克逊人用华氏度（℉）计量温度，中国人则用摄氏度（℃）计量温度。为了方便互相转化，科学家们统一使用热力学温度计量温度，单位是开尔文（K）。

1K = −272.15℃ （摄氏度）	1K = −457.87℉ （华氏度）

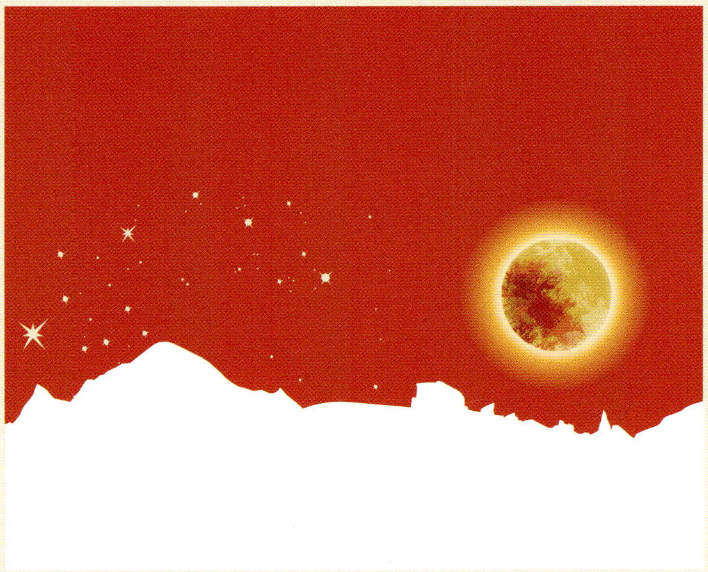

最冷的 | 最热的

加拿大 ⑧ 北极地松鼠
⑩ 林蛙
⑦ 火炉溪
美国
太平洋

最冷的 | 最热的

① 金星

太阳系温度最高的行星

金星被称为"牧羊人之星"

金星颜色金黄，耀眼夺目。在遥远的古代，以天为穹庐的牧羊人靠着金星指引方向而不迷路。

距离太阳约1.082亿千米

金星表面温度约480℃，而地球表面平均温度大约15℃。

- 金星属于太阳系。
- 金星的温度和大气都不适合生物生存，科学家们推测那里不可能存在生命。

② 太阳

太阳系温度最高点

太阳是距离地球最近的恒星，它产生巨大的能量温暖和照亮我们的地球。

据科学家们测算，太阳的内核温度约为1 500万℃，表面平均温度超过5 500℃。

直径约139.2万千米，约为地球直径的109倍

距离地球约1.5亿千米

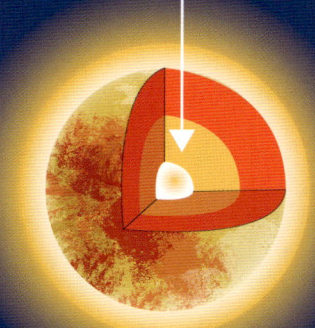

恒星的颜色是温度的指示器。恒星的表面温度取决于它的质量：质量越小，温度越低，颜色越红；质量越大，温度越高，颜色越白或越蓝。

年龄：约46亿年。

科学家们推算，太阳的寿命大致为100亿年，它已经步入中年。

- 太阳是太阳系的核心。

④ 卢特沙漠

地球最热的地方
最高温度约70.7℃

这片无人居住的沙漠是沙质土地，这里环境恶劣，常年狂风肆虐。

- 位于伊朗。
- 2005年，人造卫星测量到这里的地面温度。
- 2016年，卢特沙漠被联合国教科文组织列入《世界遗产名录》。

③ 旋镖星云

宇宙最冷的地方
-272℃
（比太空平均温度还要低2℃）

旋镖星云是由气体和尘埃等组成的行星状星云，这片星云的形状像一个蝴蝶结。

- 位于半人马座方向。
- 发现时间：1980年。

⑤ 南极东部

地球最冷的地方

这条冰脊绵延1 000千米。

- 位于南极洲。

-93.2℃（比冷柜里的最低温度-24℃还近4倍）。这一温度是通过人造卫星测到的。

在南极大陆东部，一条位于阿格斯冰穹与富士冰穹之间的冰脊里有数个地点的地表温度在冬夜可降至-92℃以下，最低纪录是-93.2℃。

最低温度为 −71℃。

⑥ 奥伊米亚康

世界最寒冷的村庄之一

这个村庄只有几百个居民，土地常年冰冻，一年中大半年是冬季。这里不能种植水果和蔬菜，飞机也无法降落。

冬天有 9 个月。

12 月平均每天仅有 2 个小时的白昼。

 极冷纪录发生在 1933 年。

 位于俄罗斯西伯利亚。

⑦ 火炉溪

最炎热的人类居住地

最高温度达 56.7℃。

火炉溪坐落在死亡谷里，这里的气候属于沙漠气候，全年基本无雨。以前人们在这里发现了金、银、铜等矿产，因此有人居住在这里采矿。现在这里成了旅游区。

 位于美国加利福尼亚。 极热纪录发生在 1913 年。

⑧ 北极地松鼠

能适应最低气温的哺乳动物

北极地松鼠整个冬天都在冬眠，是哺乳动物里少数体温降到 0℃以下而血液不会冻结的动物。

正常气温下，北极地松鼠的体温约为 37℃。

 冬眠时长：大约半年。

 位于加拿大、美国等。

北极地松鼠最低体温约 −3℃。

旱獭的最低体温约 5℃。

⑨ 南极鳕鱼

世界体温最低的鱼

最低体温约 −2℃

它的体温会跟海水的温度保持一致。

 位于澳大利亚海域和加拿大海域。

这种鱼生活在深海的冷水海域，它的血液是无色的，里面含有防冻蛋白质，可以防止自己变成冰块。

⑩ 林蛙

冰冻环境下生存能力最强的动物之一

林蛙可以承受约 −18℃ 的温度。

林蛙是唯一能在冰冻环境下生存的两栖动物，它的特别之处是体温会随着环境而改变，即使它的身体被冻住了，也依然可以存活。

 生活在美国阿拉斯加。

 在近 200 天的冬眠中，林蛙体内的葡萄糖会阻止血液冻结。

⑪ 水熊虫

生命力最顽强的动物

水熊虫也被称为水熊，这种微观的缓步动物生活在一些泡沫、海藻中，可以抵御极端温度。

−270℃

水熊虫可以承受的最低温度约为 −270℃。2007 年，水熊虫被送入太空，它在太空极冷的环境下依然能够存活。

150℃

水熊虫可以承受的最高温度约为 150℃，它完全不害怕开水。

分布广泛。

索引

A

阿贝力龙	9
阿波罗10号行动	23
阿尔达布拉象龟	27
阿尔加罗沃游泳池	10
阿根廷龙	15
阿丽亚娜5型运载火箭	35
阿马乌童蛙	7
阿斯托拉特梦幻城堡	17
安-225"梦幻"运输机	16
暗物质	11
奥林匹克国家公园	33
奥运金牌	21

B

巴格尔293挖掘机	16
巴塔哥巨龙	9
霸王龙	15
北极地松鼠	39
北极柳	5
北极野兔	5
北美红杉	5
北美驯鹿	5
秘鲁安第斯高原	22
憋气	29
别拉斯75710卡车	16
冰川快车	23
冰架崩解	34
波罗蜜	16
波西多尼亚海草	28
玻璃幕墙	9
玻璃桥	10
勃艮第蜗牛	20

C

长鼻猴	7
长城	28
长颈鹿	8
长寿	26
超音速推进号	22
船	23
磁浮铁路	23

D

打嗝	33
大丹犬	8
大黄蜂蝙蝠	15
大力士	17
大露罗	17
大塔穆火山	6
地震	34
盾牌座UY	11

F

法拉利跑车	20
防冻蛋白质	39
飞机	16, 17, 22, 33
非洲草原象	14
粪化石	15
蜂蜜蘑菇	6
蜂窝	16
孵卵期	27
弗吉尼亚负鼠	27

G

高级轿车	4
高山雨燕	27
格莱斯捕鸟蛛	8
格陵兰鲨鱼	26
公交车	4
国际空间站	14
过山车	23

H

哈利法塔	9
海马	20
海洋和谐号	4
汉堡微缩景观世界	5
吼猴	32
胡须	7
划蝽	32
火炉溪	39
霍巴陨石	14
霍河雨林	33

J

寂静的圣地	33
箭头体育场	33
金星	38
津轻海峡	10
鲸鲨	8
巨型实验室	14
君主	26

K

凯雷特之屋	9
柯氏喙鲸	27
客机	4
恐龙	9, 15, 21
恐手龙	21
库利南钻石	15
矿渣	16

L

蓝鲸	14
劳斯莱斯涡轮发动机	22
狸藻	22
猎豹	20
林蛙	39
卢特沙漠	38
路易十九	26
绿色雨蛙	32
伦敦地铁	29
罗浮宫博物馆	10

罗萨方程式 ·········· 23

M

煤炭 ·········· 16
美颌龙 ·········· 21
美泉宫动物园 ·········· 28
美洲多拉尼亚蜉蝣 ·········· 27
《蒙娜丽莎》 ·········· 10
明蛤 ·········· 26
抹香鲸 ·········· 32
磨坊尽头公园 ·········· 10
木材 ·········· 22
木星 ·········· 11, 23

N

南瓜 ·········· 15
南极东部 ·········· 38
南极鳕鱼 ·········· 39
南极洲荒漠 ·········· 5
努洛伊曼皇宫 ·········· 11

P

潘多复合杨树 ·········· 16
皮尔P50汽车 ·········· 4

Q

旗鱼 ·········· 20
潜水冠军 ·········· 27
枪虾 ·········· 32
青函隧道 ·········· 10
青铜佛像 ·········· 17

R

人形机器人 ·········· 4
瑞士 ·········· 23

S

撒哈拉沙漠 ·········· 34
撒哈拉银蚁 ·········· 20
萨斯喀彻温皇家博物馆 ·········· 15
三趾树懒 ·········· 21
射电望远镜 ·········· 11
麝牛 ·········· 5
食肉类植物 ·········· 22
世界纪录 ·········· 21, 22, 29
《世界遗产名录》 ·········· 33
世贸中心一号楼 ·········· 9
树冠 ·········· 21
双引擎单人飞机 ·········· 17
水腹蛇 ·········· 21
水星 ·········· 11
水熊虫 ·········· 39
死亡谷 ·········· 39
《四季花卉》 ·········· 17
塑料大喇叭 ·········· 33

T

太平洋章鱼 ·········· 27
太阳 ·········· 11, 38
泰坦魔芋花 ·········· 5
坦博拉火山喷发 ·········· 34
体育赛事 ·········· 33
跳伞运动员 ·········· 21
铁路模型展览中心 ·········· 5
通古斯陨石 ·········· 35
凸版印刷出版社 ·········· 17
土星5号运载火箭 ·········· 23
鸵鸟 ·········· 14

W

微软消音室 ·········· 35
文莱 ·········· 11
乌克兰 ·········· 16
无根萍 ·········· 6

X

西伯利亚 ·········· 39
吸蜜蜂鸟 ·········· 14
仙女蜂 ·········· 8
相扑运动员 ·········· 17
小麦花 ·········· 28
旋镖星云 ·········· 38

Y

压缩空气炮 ·········· 34
岩洞 ·········· 15
一级方程式赛车 ·········· 33
伊甸园电影院 ·········· 28
伊特鲁里亚鼩鼱 ·········· 15
婴儿星系 ·········· 29
尤塞恩·博尔特 ·········· 21
邮轮 ·········· 4
游隼 ·········· 20
宇航员 ·········· 14, 23, 29
原子弹 ·········· 35
约克夏犬 ·········· 8
孕期 ·········· 27

Z

战神乐队 ·········· 35
张家界大峡谷 ·········· 10
赵氏小盗龙 ·········· 9
蜘蛛 ·········· 8
直升机 ·········· 35
朱诺号木星探测器 ·········· 23
侏狨 ·········· 7
珠穆朗玛峰 ·········· 6

本书数据更新至2021年5月。